# FABLES NOUVELLES

ou

## LEÇONS

D'UN MAITRE A SES ÉLÈVES

PAR M. L'ABBÉ L.-M. DURU

AUMÔNIER DE L'ÉCOLE NORMALE D'AUXERRE, MEMBRE DU CONSEIL DÉPARTE-
MENTAL DE L'INSTRUCTION PUBLIQUE, VICE-PRÉSIDENT DE LA SOCIÉTÉ DES
SCIENCES DE L'YONNE, MEMBRE DE PLUSIEURS SOCIÉTÉS SAVANTES, ETC.

TOME I.

A AUXERRE

CHEZ L'AUTEUR, A L'ÉCOLE NORMALE.

MDCCCLV.

# FABLES NOUVELLES.

(C.)

# FABLES NOUVELLES

ou

## LEÇONS

### D'UN MAITRE A SES ÉLÈVES

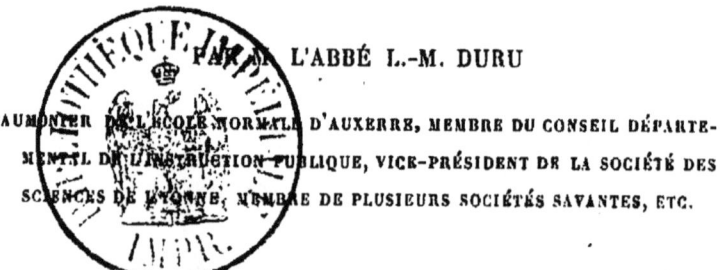

PAR M. L'ABBÉ L.-M. DURU

AUMÔNIER DE L'ÉCOLE NORMALE D'AUXERRE, MEMBRE DU CONSEIL DÉPARTE-
MENTAL DE L'INSTRUCTION PUBLIQUE, VICE-PRÉSIDENT DE LA SOCIÉTÉ DES
SCIENCES DE L'YONNE, MEMBRE DE PLUSIEURS SOCIÉTÉS SAVANTES, ETC.

TOME I.

A AUXERRE

CHEZ L'AUTEUR, A L'ÉCOLE NORMALE.

MDCCCLV.

PROPRIÉTÉ DE L'AUTEUR.

Tout exemplaire non signé sera réputé contrefait.

TYPOGRAPHIE PERRIQUET.

# LETTRE DES INSTITUTEURS,

### SES ANCIENS ÉLÈVES,

## A MONSIEUR L'ABBÉ DURU,

### AUMÔNIER DE L'ÉCOLE NORMALE DE L'YONNE.

Monsieur l'Abbé,

Les instituteurs que vous avez formés, et que vous suivez dans leur carrière avec tant de sollicitude, sans jamais leur refuser ni vos conseils, ni votre appui, viennent vous demander un nouveau témoignage de votre affection, et comme une marque publique de votre dévouement au corps des instituteurs primaires.

Vos élèves n'ont point oublié, Monsieur l'Abbé, avec quelle paternelle bonté vous leur dispensiez vos leçons, ils peuvent dire à votre louange que leur perfectionnement moral était votre préoccupation de tous les instants, et que, pour les faire avancer dans la vertu, vous n'épargniez ni vos veilles, ni vos soins. Bien souvent vous leur avez caché, sous le voile de l'apologue, la leçon qu'ils avaient méritée, et c'est par cette voie pleine d'indulgence que vous êtes arrivé jusqu'à leur cœur. Aussi est-ce de vous qu'on aurait pu dire : *Il corrige en riant.*

La plus chère ambition des instituteurs, qui veulent toujours s'appeler vos enfants, serait de suivre, au moins de loin, les traces de leur maître, et de pouvoir quelquefois, sous une forme voilée et à la fois aimable et sérieuse, enseigner la vertu à la jeunesse qui leur est confiée. Mais comment y parviendraient-ils, sans le guide qu'ils sont habitués à révérer et à suivre ? Venez-leur donc encore une fois en aide, Monsieur l'Abbé, en publiant, en leur faveur, le livre qui contient, sous forme d'apologues, vos plus touchantes leçons. Donnez-leur vos Fables. En vous lisant, ils croiront vous entendre encore, et ils puiseront dans votre ouvrage des leçons qu'ils ne trouveraient, nulle part ailleurs, aussi bien appropriées aux besoins de leurs élèves. Ils savent que vous ne recherchez pas la gloire, et que vous pourriez les renvoyer au bon La Fontaine ; mais ils vous répondraient que ce grand homme n'a pas été leur maître, et que vous vous êtes peut-être proposé un but plus pratique et surtout plus voisin d'eux.

Vous n'avez jamais rien refusé aux instituteurs, Monsieur l'Abbé, et vos enfants espèrent que votre bonté répondra à leur confiance. C'est dans cette douce persuasion qu'ils vous prient de vouloir bien agréer,

Monsieur l'Abbé,

L'expression de leur vive reconnaissance et de leur profond respect.

| | | |
|---|---|---|
| AUBERT, | instituteur à | Chichery. |
| BARAT, | — | Saint-Florentin. |
| BAUDOIN, | — | Chitry. |
| BAUDOT, | — | Avallon. |
| BÉRILLON, | — | Saint-Fargeau. |
| BERTIN, | — | Vallan. |
| BÉTHERY, | — | Arcy-sur-Cure. |
| BILLARD, | — | Charentenay. |
| BILLEAU, | — | Louesme. |
| BLANC, | — | Laduz. |
| BLANCHE, | — | Villiers-Louis. |

| | | |
|---|---|---|
| BLOND, | instituteur-adj. à | Aillant. |
| BORNAT, | instituteur | Avallon. |
| BOUDARD, | — | Pailly. |
| BOURGOIN, | instituteur-adj. | Joigny. |
| BRIGODIOT, | instituteur | Fulvy. |
| BUSSY, | — | Chassignelles. |
| CALLÉ, | — | Beine. |
| CAMUS, | — | Bazarnes. |
| CAPET, | — | Bussy-le-Repos. |
| CHAMOIN, | — | Arthonnay. |
| CHASSONNEAU, | — | Fleurigny. |
| CHAMPROUX, | — | Chevillon. |
| CHÉREAU, | — | Préhy. |
| COLLIN, | — | Vaudevanne. |
| COLSON, | — | Monéteau. |
| CONSTANT, | — | Grange-le-Bocage. |
| CORNU, | — | Chigy. |
| CRÉVEAU, | instituteur-adj. | Joigny. |
| CUNAULT, | instituteur | Lucy-le-Bois. |
| DELIGNE, | — | Sormery. |
| DEVOIR, | — | St-Germain-des-Champs. |
| DROIN, | — | Fournaudin. |
| DUCHATEL, | instituteur-adj. | Appoigny. |
| FARCY, | instituteur | Censy. |
| FOUGEAT, | — | Molay. |
| GALLY, | instituteur-adj. | Ancy-le-Franc. |
| GILLET, | instituteur | Villiers-Saint-Benoit. |

| | | |
|---|---|---|
| Girard, | instituteur à | Églény. |
| Givaudin, | — | Varennes. |
| Godard, | — | Sougères. |
| Goudon, | — | Evry. |
| Goujenot, | — | Savigny. |
| Guéchot, | — | Perrigny-les-Auxerre. |
| Hospied, | — | Domats. |
| Hugnot, | — | Chastellux. |
| Jays, | — | S$^t$-Maurice-aux-Riches-H. |
| Jorlin, | — | Villeneuve-les-Genets. |
| Jutigny, | — | Plessis-Saint-Jean. |
| Lambert, | — | Gigny. |
| Lanier, | — | Chastenay. |
| Laporte, | — | Héry. |
| Laurent, | — | Appoigny. |
| Léger, | — | Magny. |
| Lemaire, | — | Santigny. |
| Malécot, | — | Villegardin. |
| Mathieu, | — | Diges. |
| Meignen, | — | Précy-le-Sec. |
| Milachon, | — | Milly. |
| Moret, | — | Chemilly. |
| Musset, | — | Fouchères. |
| Muzard, | — | Lainsecq. |
| Paupy, | — | Perrigny-sur-Armançon. |
| Peltier, | — | Mailly-la-Ville. |
| Perdijon, | — | Bussy-en-Othe. |

| | | |
|---|---|---|
| Perrot, | instituteur à | St-Martin-sur-Armançon. |
| Poinsot, | instituteur-adj. | Vermenton. |
| Poisson, | instituteur | Laroche. |
| Prévost, | instituteur-adj. | Avallon. |
| Prot aîné, | instituteur | Auxerre. |
| Prot Alexandre, | — | Dollot. |
| Prot Élisée, | — | Saint-Georges. |
| Prot Émile, | — | Saint-Clément. |
| Régoby, | — | Chéroy. |
| Solvet, chargé provisoirem. | | Viviers. |
| Tanière, | instituteur | Venisy. |
| Tissier, | — | Colmiers. |
| Vallet, | — | Dixmont. |
| Veaulin, | — | Marrault. |
| Vié. | — | Fontenoy. |
| Viel, | — | Neuvy-Sautour. |
| Voisenat, | — | St-André-en-Terre-Plaine. |
| Ythier, | — | Cheny. |

Auxerre, le 25 janvier 1855.

# RÉPONSE.

## A LA LETTRE PRÉCÉDENTE.

Messieurs,

Le vœu que vous m'exprimez par votre lettre collective honore les instituteurs de l'Yonne, et il est pour moi une marque d'estime à laquelle je suis on ne peut plus sensible.

Le livre dont vous voulez bien solliciter l'impression est d'un faible mérite littéraire. Ces petits contes, écrits rapidement et dans l'occasion où je les croyais nécessaires ou utiles pour le perfectionnement moral de mes élèves, perdront très-probablement, au grand jour, le peu de valeur qu'ils paraissent avoir dans la paisible obscurité de l'Ecole. Mais vous me demandez, par leur publication, un témoignage solennel de mon dévouement au corps des instituteurs primaires. Eh bien, Messieurs et chers disciples, dût en souffrir ma petite réputation d'auteur, je vous l'accorde volontiers ; car l'affection que je vous porte sera toujours en moi, grâce à Dieu, au-dessus de l'amour-propre.

Je vais plus loin : je vous remercie de votre démarche. Je remercie également ici les hommes honorables qui ne me doivent rien et qui s'y sont associés ; je remercie en particulier M. Prot aîné d'avoir mis sous mes yeux, mes chers disciples, toutes vos lettres d'adhésion, ou plutôt de désir. M. Prot m'a fait un beau présent, en voulant bien se dessaisir en ma faveur de toutes ces lettres si pleines de nobles sentiments. Je les ai lues avec consolation, et elles ont fortifié mon cœur, parce qu'elles sont un témoignage authentique du bon esprit, de la délicatesse de sentiment et de l'élévation de pensées qui animent aujourd'hui les instituteurs de notre département. Elles vont désormais former un recueil que je conserverai toute ma vie, et qui attestera, même quand je ne serai plus, que vous étiez tous bien dignes de ma sollicitude, de mes sacrifices et du vif intérêt que je ne cesserai jamais de vous porter.

Recevez donc, Messieurs, avec l'hommage du livre auquel vous voulez bien attacher quelque prix, l'assurance de mes sentiments affectueux.

L. M. DURU.

Aumônier de l'Ecole Normale d'Auxerre.

Auxerre, le 2 février 1855.

NOTA. Quelques membres du Clergé et de l'Instruction publique se sont joints aux instituteurs dont la liste a été placée ci-dessus, et les élèves actuellement à l'Ecole Normale ont exprimé le même vœu; mais un sentiment délicat n'a point permis de publier tous ces noms. L'auteur les conservera dans sa mémoire et surtout dans son cœur.

# HOMMAGE

## DE L'AUTEUR A SES ÉLÈVES

#### ANCIENS ET NOUVEAUX.

Quelques-unes de mes Fables ont été écrites au Collége de Joigny, une partie au Petit-Séminaire d'Auxerre et le plus grand nombre à l'Ecole Normale. J'en fais hommage à tous ceux qui, dans ces divers établissements, ont été mes élèves; car je conserve de tous un bien doux souvenir. Puisse l'offrande de ce livre qui me rappelle des jours si précieux, leur procurer autant de plaisir qu'elle m'en cause à moi-même!

L.-M. DURU,

Aumônier de l'École Normale d'Auxerre.

# ÉPITRE

## AU LECTEUR.

> Da veniam scriptis quorum non gloria nobis
> Causa, sed utilitas, officiumque fuit.
> Ovid. Ex. Pont. iii. 9.

Je crains fort d'être téméraire,
En permettant que Perriquet
Si promptement mette en lumière
Ce petit recueil indiscret.
Et pourtant, pourquoi l'ai-je fait?
Pour instruire, comme un bon père,
Tantôt doux et tantôt sévère,
Des disciples que je chéris.
Cette besogne était utile,
Et je n'en serai pas repris;
Car ce n'est pas un soin futile
Que de réformer les esprits,

Et de rendre le cœur docile
A de salutaires avis.
Bienheureux le maître fidèle
Qui, connaissant le prix du cœur,
Dépense, à le rendre meilleur,
Son temps, ses talents et son zèle !
 Là ne sont donc pas mes soucis.
Mais ma plume est par trop facile
Dans tous les sujets que j'écris ;
C'est ce qui me rend moins tranquille.
Mes vers sont-ils assez polis,
Mes sons assez pleins d'harmonie,
Mon expression bien choisie,
Mon style pur, mes tours fleuris,
Ma matière assez méditée ?
Voilà ma crainte, ami Lecteur.
Je vais trouver plus d'un censeur
Dont la sentence méritée
Me fera rougir d'être auteur.
 Eh bien, sans tarder, je m'empresse
De souscrire à leur jugement.
J'ai tort de mettre sous la presse
Un livre écrit avec paresse,
Par caprice et sans ornement ;

## AU LECTEUR.

Je confesse qu'en l'imprimant
Je pèche contre la sagesse.
 Mais, toi qui m'aimes, un moment,
Je réclame ton indulgence.
Prête l'oreille à ma défense.
Je n'ai pas voulu, crois-le bien,
Ivre d'une espérance vaine,
Auprès du nom de La Fontaine,
Inscrire un nom comme le mien.
Le bonhomme est inimitable,
Jamais personne dans la fable
Ne pourra réussir si bien.
Et moi, je ne suis propre à rien.
On me l'a dit, il faut le croire,
Sous peine d'être un orgueilleux,
Un aveugle, un présomptueux.
 — Eh! puisque ce n'est pas la gloire
Qui t'a mis la plume à la main,
A quoi bon montrer ton grimoire?
 — J'ai voulu faire un peu de bien,
Et j'en voyais là le moyen.
Pour mieux graver dans la mémoire
Les préceptes que je donnais,
Sur le champ je les écrivais.

— En vers ? — Ce n'est pas là l'affaire.
Dieu, comme il veut, répand ses dons ;
Ce genre ne me coûte guère,
Tu le dois voir à ma manière.
Or, dis-moi, quand nous écrivons,
Quelle est celle que l'on préfère ?
— Eh ! celle par quoi nous plaisons !
— Justement, la forme légère
Que je donnais à ces leçons
Séduisait mes jeunes garçons.
Mais ni les rimes, ni la prose
Ne devenaient pas le secret
Par quoi surtout on les touchait.
Ils ne voyaient là qu'une chose,
Les conseils qu'on leur adressait
Avec un cœur plein de tendresse.
Tous ils en goûtaient la sagesse.

La forme pourtant leur plaisait,
Et ce tact en eux m'enchantait ;
Car l'apologue, d'âge en âge,
A su charmer les bons esprits,
Et nous le trouvons en usage,
Non seulement dans les écrits
Des légers nourrissons du Pinde,

Ou des sages qu'a produits l'Inde ;
Mais, Lecteur, nous en admirons
La forme et les douces leçons
Jusque dans le livre où Dieu même
Dicte aux hommes sa loi suprême.

Depuis, quel habile écrivain,
Quel moraliste, au moins quel sage
N'a pas laissé, dans une page,
Un mot instructif ou malin
Qu'on puisse appeler une fable ?
Partout prévaut ce genre aimable.
Et n'ai-je pas, plus d'une fois,
Entendu la fidèle voix
De ces pieux enfants que j'aime,
M'exaltant beaucoup trop moi-même,
S'écrier, après ma leçon,
Qu'ils y retrouvaient la sagesse
Et le style de Fénélon ?

J'en rougissais avec raison.
Mais c'est ainsi qu'est la jeunesse :
Elle porte un sensible cœur.
Quand on la sert, et quand on l'aime,
Elle en est touchée. Elle-même,
A son tour, aime avec ardeur.

Mes disciples en sont la preuve.
Je ne dis rien, je ne fais rien,
Qui ne les touche et les émeuve ;
Pour eux, de ma part tout est bien.
Aussi que doux est le lien
Par lequel, ô mon Dieu, s'unissent
Leurs cœurs et mon cœur dans le tien !
Je les chéris, ils me chérissent,
Je les bénis, ils me bénissent;
Eux et moi, nous sommes heureux.
Mes écrits sont beaux à leurs yeux,
Et, jusqu'à ces malignes fables,
Où je les drape de mon mieux,
Ils les estiment admirables.

Ce n'est pas tout. Ils ont voulu,
(Voyez jusqu'où va la tendresse !)
Que, malgré toute sa faiblesse,
Ce livre qu'ils n'avaient pas lu,
Fût sans retard mis sous la presse.

—Mais il fallait leur résister,
Et doucement leur objecter
Que le public est fort sévère,
Et qu'un auteur est téméraire
De trop aisément l'affronter,

Surtout avec ton caractère.

— Ah ! c'est vrai, j'aurais dû le faire.
Mais, réponds-moi sans hésiter,
Toi, mon cher Lecteur, es-tu père?
Et, quand tes aimables enfants,
Par la plus ardente prière,
Et par les vœux les plus touchants,
Sachant combien tu veux leur plaire,
Ont sollicité tes bienfaits,
Eh bien, qu'as-tu fait?... Tu te tais.
Or ton histoire est mon histoire.
Sans se soucier de ma gloire,
Ni du public, ni des censeurs,
Ils m'ont dit : « Père, à vos faveurs
Joignez un dernier témoignage
De votre amour pour vos enfants.
Accordez-leur ce badinage
Où, par mille contes charmants,
Vous avez su, comme un vrai père,
Rendre meilleur leur caractère,
Et leur faire aimer la vertu. »
Et, comme toi, je me suis tu,
Ou plutôt, j'ai pris mon grimoire,
Puis, en classant chaque feuillet,

En dépit d'une vaine gloire,
J'en ai fait un léger paquet
Qui s'est changé, chez Perriquet,
En deux jolis petits volumes.

Mais, après tout, je risquais peu,
Et, je dois t'en faire l'aveu,
J'aurais eu des œuvres posthumes,
A moins d'avoir recours au feu ;
Car j'ai là-bas plus d'un neveu
Qui brûlait de la même envie
Que mes jeunes instituteurs.

Je le sais bien, hors de la vie,
J'aurais peu craint de mes censeurs.
Mais, après tout, que dois-je en craindre ?
Je vis ici comme un reclus :
Leurs traits ne viendront point m'atteindre,
Et leurs efforts seront perdus.
Je n'espère rien sur la terre :
J'ai la paix, que faut-il de plus ?
Quand j'ai fait ce que je dois faire,
Le reste touche peu mon cœur.

Mais cette paix que je possède,
Est, sache-le, mon cher Lecteur,
Un des motifs pour quoi je cède

## AU LECTEUR.

A ces enfants pleins de candeur.
Ce qu'on reçoit, faut-il le rendre ?
Eh bien, ces enfants au cœur tendre,
Ne leur dois-je pas mon bonheur ?
Ce que je désire, ils le donnent,
Et tout entiers ils s'abandonnent....
— Eh ! n'est-ce pas leur intérêt ?
— Écoute-moi, Lecteur discret :
Le bonheur n'est pas sur la terre ;
Tous nos jours y sont nébuleux,
Et le besoin qui nous altère
Ne sera satisfait qu'aux cieux ;
Mais on peut embellir la vie,
Et lui prêter quelque douceur.
C'est quand, loin de la triste envie,
Et loin de ce monde menteur,
Où l'on ne voit de jouissance
Que dans les coupables plaisirs
Qui trompent toujours l'espérance
En aiguillonnant les désirs,
On vit, loin de l'inquiétude,
Entouré d'amis pleins de cœur,
Dans la prière et dans l'étude.
Eh bien, j'ai trouvé ce bonheur.

Ma vie est heureuse et tranquille,
Et rien n'altère sa douceur.
C'est une eau toujours immobile
Dont rien ne corrompt la blancheur.
 Nul n'est plus content qu'un bon père
Qu'entourent des enfants nombreux
Dont le cœur est sage et pieux :
Les miens semblent toujours se plaire
A prévenir mes moindres vœux.
Qui m'a préparé cet ombrage
Où, quand le ciel darde ses feux,
Sans sortir de mon ermitage,
Je médite au frais ? Ce sont eux.
Qui visite ma solitude ?
Qui m'y délasse après l'étude ?
Qui me rend mille soins touchants
Qui sont les besoins des savants ?
Qui vient m'offrir des secrétaires,
Des dessinateurs, des *notaires*,
Pour les travaux que j'entreprends ?
Je trouve tout dans mes enfants.
 Aussi, dans ce cher ermitage,
Où, ravivé par la fraîcheur,
Couvert de verdure et d'ombrage,

Je trouve ces doux soins du cœur,
Je jouis d'une paix suprême,
Parmi ces disciples pieux ;
Je les aime autant que moi-même,
Et je ne puis me passer d'eux.

Et ce n'est rien ! Non, la verdure,
Les fleurs, ni les soins généreux
Ne sont rien devant l'âme pure
D'un enfant sage et vertueux !
Et tous le sont, ou voudraient l'être.
Or nous serions trop exigeants,
Nous qui devons nous y connaître,
De demander plus à vingt ans.
Cet âge est dangereux... Le vice
Peut-être séduisait leurs cœurs ;
Mais ils ont fait le sacrifice
De ses criminelles faveurs.
Ils ont compris que l'innocence
Seule a de réelles douceurs,
Et, dans la vie, à nos douleurs
Mêle une solide espérance.
Dieu qui contemple leurs combats,
Et donne à tout sa récompense,
Sans doute affermira leurs pas ;

Il couronnera leur courage ;
Ils recueilleront le partage
Que leur existence au matin
Se prépare pour son déclin,
Et les vertus de leur jeunesse
Viendront embellir leur vieillesse.
　Mais, qu'il est touchant, qu'il est beau,
O mon cher Lecteur, le tableau
De l'homme, au printemps de son âge,
Luttant contre les passions,
Et résistant, comme un vrai sage,
A toutes leurs séductions !
Quelle consolante promesse
Ne fait pas à notre pays
Cette courageuse jeunesse
Qui m'a si noblement compris ?
　Ici, comme, après un orage,
Le ciel retrouve son azur,
Le cœur redevient calme et pur,
Et l'esprit est soumis sans peine.
Ici tous les cœurs sont unis,
Comme les anneaux d'une chaîne.
Et, comme, au milieu d'une plaine,
Tous les champs seront embellis

Par l'eau d'une même fontaine,
Une heureuse éducation,
Pleine de force et de sagesse,
Portera, de cette maison
Dans le cœur de notre jeunesse,
L'amour de toutes les vertus.

  Quand j'y pense, je n'y tiens plus,
Cette espérance me transporte,
Et, je te l'avoue, ô Lecteur,
En se conduisant de la sorte,
Mes disciples font mon bonheur.
Ils sont ma fortune et ma gloire,
Et, quant au Temple de Mémoire,
Je n'en veux d'autre que leur cœur.

  C'est là ce que j'avais à dire.
Maintenant, bienveillant Lecteur,
Si tu crois que j'ai tort d'écrire,
Et d'enrichir mon imprimeur,
Eh bien, je suis prêt à souscrire
A l'ordre de ton jugement,
Je tâcherai dorénavant,
Ou de me taire, ou de détruire
Tous les contes qu'imprudemment
Mon esprit oserait produire.

*c.*

Mais accepte ici cependant,
Pour avoir bien voulu me lire,
Un petit mot de compliment :
Va, crois-le, ma reconnaissance
Egalera ta complaisance.


Auxerre, le 14 mai 1855.

# TÉMOIGNAGES

### SUR L'APOLOGUE.

Nous avons recueilli des notes nombreuses sur les fabulistes de tous les âges, et nous nous proposions d'en former comme un précis historique de l'Apologue, que nous placerions à la tête de nos propres fables, si, quelque jour, nous nous décidions à les livrer au public. L'empressement de nos disciples ne nous a pas laissé le temps d'exécuter ce projet. On eût vu, dans ce travail, combien les hommes les plus sérieux ont trouvé d'utilité dans l'apologue, et combien, dans tous les siècles, et de notre temps surtout, les imitateurs d'Esope se sont multipliés. Qu'il nous soit au moins permis de citer ici quelques témoignages en faveur de ce genre d'écrire qui cache, sous une forme légère, en apparence, les leçons les plus sérieuses de la morale. Nous citerons la plupart des textes en latin, parce que ceux qui pourraient en avoir besoin, pour ne pas nous blâmer trop fort de notre entreprise, ne sont pas assurément nos bons instituteurs.

S. AUGUSTIN.

Apud authores secularium litterarum, ut apud Horatium, Mus loquitur Muri, et Mustela Vulpeculæ, ut, per narrationem fictam, ad id quod agitur, verax referatur significatio : Unde et Æsopicas fabulas ad eum finem relatas, nullus ineruditus fuit, qui putaret appellanda mendacia hæc in sacris libris, ut in libro Judicum, quum Ligna sibi regem fecerunt, et loquuntur ad Ficum et ad Vitem, quod totum fingitur. Ficta quidem narratione, sed veraci significatione hæc dicuntur. *In. Di. contr. Mendacium.*

S. AMBROISE.

Fabula, etsi vim veritatis non habeat, tamen rationem habet, ut juxta eam possit veritas manifestari. Referunt, inquit, seculares, virum quemdam fuisse, ut quoties beneficio virium suarum destitutus, amicam et nutricem terram impulsu adversarii contigisset, de solo surgens magis in adversarium prævaleret, et sic occasio prostrati occasio fiebat triumphi. Dabat infirmitas fortitudinem, lapsus palmam, ruina victoriam. Cui hæc conveniunt, nisi Christo, qui, ad hoc cecidit, ut gloriosior resurgeret? *Amb. Lib. III. de Officiis.*


### S. ISIDORE.

Fabulæ a fando dictæ, quia non sunt res factæ, sed tantum modo loquendi dictæ : quæ ideo sunt inductæ, ut ficto animalium mutorum inter se colloquio, imago quædam vitæ hominum nasceretur. Sicut Mus loquitur Muri, Mustela Vulpeculæ, et, in libro Judicum, Ligna sibi regem requirunt: quod totum ad mores ordinatur, ut, ad rem quæ intenditur, ficta quidem ratione, sed veraci significatione perveniatur. Sic enim Demosthenes, in quadam oratione, usus est fabula adversus Philippum. Qui ab Atheniensibus postulavit decem oratores, et ille finxit fabulam. Lupi suaserunt Pastoribus, ut in amicitiam convenirent: quumque hoc Pastoribus placuisset, petierunt Lupi, ut prima sibi vice securitatis Canes traderent, in quibus videbatur occasio jurgiorum. Annuerunt Pastores, et tunc Lupi, omni adempta formidine, omnem gregem non solum pro satietate, sed etiam pro libidine laceraverunt. Sic, inquit, philosophus, sublatis oratoribus, in populo Atheniensium facturus est. Oratores populi postulat, quo facilius possit opprimere spoliatam custodibus urbem. *Lib. I. Ety.*


### AULU-GELLE.

Æsopus, qui merito sapiens æstimatus est, utilia monita sua non severe, neque imperiose præcepit ; sed, ut philosophis mos est, salubriter ad perspiciendum mentes animasque hominum causa audiendi quadam illecœbra induxit. *Lib. II.*

Apuleius de Deo Socratis introduxit fabulam Æsopi, de Corvo tenente carnem in ore, cui dum dixisset Vulpecula, quod melius cygno cantabat, et volens cantare, amisit carnem de ore, ac potius crocitavit, quam cantavit. Quod multis accidit, qui volunt se magnificare, et ultra mensuram vires suas ostentare. *Ib.*

### PLUTARQUE.

Quemadmodum Iris nihil aliud est quam relucentia solis refracti in nubibus, ita fabula quædam est veri repræsentatio. *In Moral.*

### ANONYMUS.

Ut Democrates, medicus, Considiæ mulieri, omnem curationem austeram recusanti, lac caprarum dedit, quas lentisco pascebat, sic iis qui prorsus a tetricis philosophiæ præceptis abhorrent, Fabellæ quædam amœniores proponendæ, sed quæ philosophiam resipiant. *In Similib.*

Toutes citations sont tirées de la *Polyanthea* de J. Lange.

### FÉNELON.

Les enfants aiment avec passion les contes ridicules. On les voit tous les jours transportés de joie, ou versant des larmes, au récit des aventures qu'on leur raconte. Ne manquez pas de profiter de ce penchant. Quand vous les voyez disposés à vous entendre, racontez-leur quelque fable courte et jolie ; mais choisissez quelques fables d'animaux qui soient ingénieuses et innocentes : donnez-les pour ce qu'elles sont; montrez-en le but sérieux..... *Educat. des filles*, chap. VI.

### L'ABBÉ BATTEUX.

L'Apologue est le spectacle des enfants. Il ne diffère des autres que par la qualité des acteurs. On ne voit, sur ce petit théâtre, ni les Alexandre, ni les César, mais la Mouche et la Fourmi, qui jouent les hommes à leur manière, et qui nous donnent une comédie plus pure, et peut être plus instructive que ces acteurs à figure humaine.

L'imitation porte des règles dans ce genre, de même que dans les autres. On suppose seulement que tout ce qui est dans la Nature est doué de la parole. Cette supposition a quelque chose de vrai, puisqu'il n'y a rien dans l'Univers qui ne se fasse au moins entendre aux gens, et qui ne porte dans l'esprit du sage des idées aussi élevées, que s'il se faisait entendre aux oreilles.

Sur ce principe, les inventeurs de l'Apologue ont cru qu'on leur passerait de donner des discours et des pensées, d'abord aux animaux, qui, ayant à peu près les mêmes organes que nous, ne nous paraissent peut-être muets, que parce que nous n'entendons pas leur langage ; ensuite, aux arbres, qui, ayant la vie, n'ont pas eu de peine à obtenir aussi des poètes le sentiment ; et enfin à tout ce qui se meut, ou qui existe dans l'univers. *Princip. de la Littér.* tom., I, page 292.

## LA FONTAINE.

L'Apologue est un don qui vient des immortels ;
Ou si c'est un présent des hommes,
Quiconque nous l'a fait mérite des autels ;

Nous devons tous, tant que nous sommes,
Eriger en Divinité
Le sage par qui fut ce bel art inventé.
C'est proprement un charme : il rend l'ame attentive,
Ou plutôt il la tient captive,
Nous attachant à des récits
Qui mènent à son gré les cœurs et les esprits.
*Fabl. Livr. VI. A M. de Montesp.*

# PROLOGUE.

### AU LECTEUR.

La Fable est une glace pure
Où, par de fidèles tableaux,
Les fraîches fleurs, les animaux,
Tous les êtres de la nature,
Sans amertume et sans injure,
Nous instruisent de nos défauts.
Mirons-nous-y sans défiance;
Reconnaissons la vérité,
Et qu'une sotte vanité
Ne craigne ici nulle imprudence.

Chacun, dans ce discret miroir,
En reconnaissant son image,
Ne laisse rien apercevoir
De la laideur de son visage.
Ma glace est faite pour le cœur,
Et, pour t'y mieux peindre, Lecteur,
J'ai souvent, sans art et sans feinte,
En dépit de ma vanité,
Ici laissé ma propre empreinte,
En traits pleins de sévérité.

# FABLES NOUVELLES.

## LIVRE PREMIER.

### FABLE I.

**LE MANANT ET LE DIAMANT.**

*Compliment de deux petits enfants à leur curé, le jour de sa fête.*

Chez un orfèvre, un jour, certain Manant
    Admirait un Diamant.
Jamais rien d'aussi beau n'avait frappé sa vue.
Il le prend, le regarde, en tous sens le remue,
    Et ne peut plus en détourner les yeux.
Le Diamant lui dit : — Cet éclat merveilleux,
    Je le dois au lapidaire ;
Tu me mépriserais comme une vile pierre,

Si son habile main n'avait su me polir
Et m'embellir. —
C'était bien dit. Si la nature
L'avait fait, son éclat et sa riche parure
Etaient le fruit des soins et du talent
De cet ouvrier excellent.

Pour nous, à nos parents nous devons la naissance,
Et certes c'est un beau présent ;
Mais le pasteur qui forme notre enfance
A la pratique des vertus,
Rend plus belle notre existence,
Et nos hommages lui sont dus.
Non, non ! rien ne vaut un bon maître,
Et ses bienfaits,
Jamais
Nous ne saurons assez les reconnaître.

## FABLE II.

### LA POULE.

*Compliment de deux fils à leur mère.*

Dans une ménagerie,
Une Poule donnait ses soins
A sa famille chérie,
Et pourvoyait à ses nombreux besoins.
Tous admiraient sa bonté maternelle.
Déterrait-elle quelques grains,
Aussitôt sa voix autour d'elle
Rassemblait ses joyeux poussins,

Et sa tendresse,

Avec ivresse,

A ses charmants petits,

Qui tous poussaient des cris,

Distribuait cette richesse.

Au moindre bruit de l'orage, ou des vents,

Pleine de zèle,

Cette mère fidèle

Cachait ses doux enfants

Sous son aile.

Si quelque main cruelle

Voulait les lui ravir,

Sa brûlante colère,

Sur le champ, lui faisait sentir

Que ses enfants sont tout pour une mère.


Arsène, sans être flatteurs,

Nous ne trouvons dans cette image

Qu'une ombre de la mère sage

Qui s'applique à former nos cœurs ;

Et, si notre jeunesse

Manque d'expression

Pour peindre mieux sa si vive tendresse,
Va, notre affection,
Bien mieux que des paroles
Hélas! souvent frivoles,
Te prouvera les sentiments
Qui rempliront toujours le cœur de tes enfants.

# FABLE III.

### LE JARDINIER PAUVRE.

*A des élèves qui témoignaient des regrets en quittant leur professeur, pour passer sous la direction d'un maître plus jeune.*

Sous les murs d'une ville,
Un Pauvre soignait un jardin.
On l'y voyait soir et matin
Promener la serpe docile,
Et, d'une main habile,
Inexorable en son dessein,
Détruire la branche inutile
Et chaque brin
D'herbe dangereuse ou stérile.
Aussi fallait-il voir
Comme son clos était fertile !
Jamais rien n'y trompait l'espoir.

Ce Pauvre était heureux. Mais hélas! sur la terre,
>Jamais n'est constant le bonheur.
>Une loi juste, loi sévère,
>Nous y condamne à la douleur.
>Un beau seigneur du voisinage
>Acheta le petit jardin,
>Et notre vieillard, un matin,
>Abandonna son héritage.

Comme il souffrit! Comme, la larme aux yeux,
>A chaque arbre il fit ses adieux!

— Je vous avais plantés, j'espérais votre ombrage,
>Disait-il ; la Divinité,
>Je la bénis de ma misère ;

Le bon Dieu veut, en vous changeant de père,
Récompenser votre fécondité.
Moi je suis pauvre, et la prospérité
>Du jeune maître est l'apanage.
>Vous aurez un plus gras terreau,
>Et votre jardinier nouveau
>Aura pour vous force et courage,
>Et ce clos deviendra plus beau.

Me voici, moi, tout cassé de vieillesse

Et je vais mourir de faiblesse.
Consolez-vous ; chargez-vous de bons fruits.
J'habiterai dans votre voisinage.
Toujours, ô mes arbres chéris,
Avec un cœur et des yeux attendris,
Je verrai le jardin qui fut mon apanage,
Et je vous aimerai jusqu'au bout de mon âge. —


Soumettons-nous, ne disons rien,
Quand un mal nous amène un bien.

## FABLE IV.

### LE PÉLICAN.

*Contre des cœurs froids et peut-être ingrats.*

Un Pélican vivait rêveur et solitaire
      Au bord d'un limpide ruisseau.
Il avait peu d'amis, quoique sa vie entière
      Eût été le feu le plus beau.
Par-ci par-là pourtant, on voyait quelque oiseau
      Qu'attirait la source légère
Dissiper, en passant, sa langueur ordinaire.
      — Pourquoi, lui demandait un jour
Une jeune Colombe, au sein de la prairie,
      N'allez-vous pas goûter l'amour?
La société seule enchante notre vie.
      Vous pourriez trouver dans nos champs

Mille oiseaux qui seraient comme votre famille. —

Il répondit : — Les Pélicans

Aiment de trop d'amour, pour être heureux, ma fille,

Sans de véritables enfants.

Combien d'oiseaux m'ont dit : «Je vous aime, bon père,»

Et puis ont contristé mon cœur?

Ah! laissons voltiger les oisillons, ma chère,

Fidélité seule est bonheur.

J'aime mieux méditer sur ce bord solitaire

Où je ne connais point d'ingrats,

Que d'aller dans le monde en faire à chaque pas ! —

## FABLE V.

### L'ICTÉRIQUE ET LE JALOUX.

Petite correction à un enfant que la jalousie irritait contre un condisciple
qui avait des succès.

Deux affligés se lamentaient ensemble.
L'un avait la jaunisse et l'autre était jaloux,
Deux maux dont le second est commun parmi nous
    Et beaucoup au premier ressemble.
— Ah ! disait l'Ictérique, à présent, qu'à nos yeux
    Nature est triste et monotone !
C'est toujours et partout la couleur de l'automne.
Autrefois je voyais tant d'arbres gracieux
    Parer les champs de leur fraîche verdure !
Mais aujourd'hui les bois, les fleurs, l'onde si pure
    N'ont plus qu'une même couleur.
    Tout est changé dans la nature ;

De la morte saison tout revêt la pâleur.

— Mon bon ami, c'est une erreur,
Dit le Jaloux. Vous avez la jaunisse :
Ce mal porte à vos yeux un triste préjudice ;
Car tout a du printemps conservé la fraîcheur.
Mais, plût au Ciel que les êtres sans vie
Eussent un aspect moins pompeux,
Et que le cœur de l'homme, autrefois vertueux,
Ne vît pas sa grâce flétrie !
Vous connaissez Lucas : naguère je l'aimais ;
Nous étions comme les deux frères,
Et nous devions ne nous quitter jamais ;
Mais, trop enflé de ses succès,
Il fait le dédaigneux, ses paroles sont fières
Et je ne puis plus le sentir.
— Vous êtes jaloux, sans mentir,
Dit le malade, et c'est la cause
Qui vous montre tout autre chose
Que les qualités de Lucas.
Soyons francs, et veuillez ce que je vous propose.
L'un et l'autre nous n'avons pas,
Pour bien juger, le sens propice.

Moi, je le crois, j'ai la jaunisse,
La jaunisse des yeux, et vous,
La jaunisse du cœur ; car vous êtes jaloux.
Faisons un pacte. A vos yeux je me fie,
Vous, fiez-vous à ma candeur.
La nature aura sa fraîcheur,
Et Lucas, vu sans jalousie,
Sera toujours l'ami de votre cœur.


La passion doit garder le silence,
Ou sa bouche prononce une injuste sentence.

## FABLE VI.

#### COLAS.

A un élève qui, résistant aux corrections et aux conseils, sentait ensuite sa conscience mal à l'aise.

Colas, tourmenté par la bile,
N'avait plus son bon appétit.
Tout autre, il languissait, quand, un jour, à la ville,
A ses oreilles retentit
Ce mot d'un prêtre d'Epidaure :
— Mon fils, veux-tu guérir le mal qui te dévore?
Modère ta maligne ardeur,
A ta voix impose silence,
Et, pour en corriger la nuisible saveur,
De nos simples connus mêle la pure essence
A ton ordinaire liqueur. —
Colas fut loin d'être docile.

Il ne tempéra point sa bile;
Mais, un beau jour, aux Lugubres Etats,
La Dame au nez camard guida ses tristes pas.

Hélas, hélas! sur notre pauvre terre,
Que de gens sont Colas
Et ne profitent pas
D'un avis salutaire!
On laisse grandir ses défauts,
On perd la grâce et la sagesse,
Et le remords et la tristesse
Viennent troubler la paix de nos jours les plus beaux!

# FABLE VII.

## LA SERPE ET LE SERPENT.

*A un enfant qui murmurait dans l'ombre contre une mesure sage et utile.*

Un jardinier, par aventure,
    Oublia sa Serpe, et partit.
Un Serpent, près de là, veillait sous la verdure.
    Il l'aperçut. Dès qu'il la vit :
— Que fais-tu là, dit-il, instrument de carnage?
Est-ce moi que tu viens aujourd'hui maltraiter? —
La Serpe lui répond : — Mais pourquoi t'irriter?
    Ai-je causé quelque dommage?

—Eh quoi ! tous ces arbres si beaux
N'ont-ils pas, sous tes coups, vu tomber leurs rameaux ?
Tu ne respectes rien. Le plus riche feuillage
  Et les scions gracieux et nouveaux
   Qui promettent le frais ombrage,
  Tu n'as de paix, ni de repos,
Que tu n'atteignes tout de ton mortel outrage !
— Serpent, Serpent, ton langage est trompeur !
   Je coupe la branche stérile,
  Je donne au tronc plus de vigueur ;
L'arbre, qu'en apparence aujourd'hui je mutile,
  Débarrassé d'une charge inutile,
   A l'automne aura plus de fruits.
  Va, je comprends la cause de tes cris.
   Tu rampes dans la fange impure,
  De ton venin tu souilles la verdure ;
   Tu siffles dans l'obscurité,
Et, du milieu de l'ombre, atteignant l'innocence,
  Tu n'as pour toi que ta malignité
  Et le poison que ta langue me lance.
   Si tu n'étais pas si méchant,
Si tu voulais être bon sur la terre,

Tu ne craindrais pas mon tranchant,
Et je ne devrais pas te déclarer la guerre.

Presque toujours nos jugements
Nous sont dictés par nos penchants.

## FABLE VIII.

### L'ENFANT ET L'ABEILLE.

A un élève qu'il avait fallu châtier et qu'on encourageait ensuite
affectueusement à bien faire.

Un jour, dans la belle saison,
Au temps où les zéphyrs caressent la verdure
Et contraignent les fleurs de briser leur prison,
 Pour s'embellir de leur noble parure,
Un jeune Enfant chassait au papillon ;
Aux insectes plutôt, dans un riant vallon.
Au sein d'une rose vermeille,
Travaillait une active Abeille.
Le petit conquérant, charmé de ce butin,
(Peut-être ignorait-il le dard et sa piqûre),
Doucement vient, se penche, étend la main,
Saisit l'Abeille ; mais soudain

La rejette : le dard a creusé sa blessure,
Et puis, voilà des cris, des pleurs.
— Mouche maudite, je le jure,
Mouche qui fais tant de douleurs,
Je te rendrai bien ton injure !
— J'ai puni ta témérité,
Reprit-elle à son tour ; mais que l'expérience
De ce châtiment mérité
Guérisse ta folle imprudence.
Si j'ai mon dard contre mes ennemis ;
Suis-moi : là-bas, vers la fontaine,
Mon miel, dans le creux d'un vieux chêne,
Coule à flots d'or pour mes amis. —

Ne murmurons jamais alors qu'on nous châtie.
La main qui quelquefois nous arrache des pleurs,
Pour corriger nos travers et nos mœurs,
Avec sagesse à notre vie
Sait préparer de réelles douceurs.

# FABLE IX.

### LE PAON, LA COLOMBE ET LE ROSSIGNOL.

**Les avantages extérieurs ne sont rien, en comparaison de ceux du cœur et de l'esprit.**

L'oiseau cher à Junon, roi d'une basse-cour,
    S'y pavanait tout à son aise,
Se contemplant, plein d'orgueil et d'amour.
Pigeons, poulets, dindons, peuple, par parenthèse,
    Non moins stupide que ce roi,
    Il voyait tout dans l'esclavage
    Recevoir humblement sa loi ;
Tous, les regards fixés sur son brillant plumage,
    Lui payaient un constant hommage.
Quand tout à coup le chantre ailé des bois,

Égaré loin de son bocage,
Vint près de là chercher un peu d'ombrage.
Notre Paon dédaigneux lui cria d'une voix
Qui faillit effrayer l'aimable solitaire :

— Pauvre petit, dans mes états,
Je veux bien t'accorder un abri tutélaire.
Ah ! que je te plains ! tu n'as pas
De quoi bénir la nature ta mère.
Pourquoi te mettre sur la terre
Si faible, si pauvre, si laid ?
Un bout de mon aigrette, un brin de mon plumage,
Le plus menu de mon duvet
Eût de magnificence orné tout ton corsage ;
T'eût chargé d'un manteau pompeux.
Le Rossignol lui dit : — J'admire l'opulence
Dont vous ont fait présent les Cieux.
Si vous en êtes digne, eh bien ! régnez, tant mieux !
Je ne cherche point la puissance ;
Moins on est, plus on est heureux. —
Une Colombe, sous l'ombrage,
Avait tout écouté. Dans son simple ramage,
Elle voulut de ce Paon orgueilleux

Corriger le sot verbiage.
— Paon, dit-elle, c'est vrai, votre habit est fort beau ;
Mais l'habit fait-il le mérite ?
Quand vous chantez, on vous évite,
Et l'on dit tout bas : Le fourreau
Est pompeux ; mais il cache un pauvre personnage.
Lorsque mon jeune ami chante au fond du bocage,
Tous les habitants du hameau
Prêtent l'oreille à son ramage.
Durant la nuit, pour en jouir,
Tout se plonge dans le silence :
Le lion cesse de rugir,
L'autan retient sa violence,
La lune même qui s'avance
Sur son char parsemé de feux,
Semble s'arrêter dans les cieux
Et goûter la vive cadence
De ses transports harmonieux.
Jouissez de votre plumage,
Beau sire, il n'en est point jaloux ;
Mais la nature, en apanage,
En lui donnant un chant si doux,

L'a partagé plus noblement que vous.

Force et beauté sont pour la créature
　　Des présents qui viennent des Cieux ;
Mais le talent, une âme sage et pure,
　　Un bon cœur, nous parent bien mieux.

# FABLE X.

LE CHAT ET L'ÉCUREUIL.

On préfère la légèreté à l'hypocrisie.

Près du palais d'un Ecureuil,
Un saint homme de Chat, posté sur son derrière,
Et baissant modestement l'œil,
Comme s'il eût fait sa prière,
Se mit à miauler d'une touchante voix
Ces conseils qu'il donnait en sage
A l'enfant exilé des bois
Qui sautait, bondissait, trépignait dans sa cage :
— Mon frère bien-aimé, pourquoi ces mille tours ?
Vous ne restez jamais tranquille.
Vous me faites pitié ! Vous remuez toujours,
Et le sommeil, loin de vos yeux s'exile. .

Votre sort m'attendrit. Ah! montrez-vous docile,
Ma douce charité vous prête son secours.
Contenez quelque peu votre humeur trop légère,
Venez entre mes bras fermer votre paupière
   Et goûter en paix le repos ;
   Car je sais bien que ces barreaux
   Et cette affreuse solitude
   Sont la source de tous vos maux.
   Ils causent votre inquiétude.
Oh! près de moi, que vous serez heureux !
   Votre bonheur fait tous mes vœux.
   — Nenni, mon trop généreux père,
   Reprit le petit solitaire.
   Sous votre patte de velours
   Est une griffe meurtrière ;
   Grand merci de votre secours !
Vous miaulez des mots pareils à la tendresse ;
   Mais ce n'est là qu'une finesse ;
   On a découvert tous vos tours.
   Celui qui me tient dans ma cage
   M'a privé de ma liberté,
   Pour jouir de mon badinage.

Il aime ma légèreté;
Mais, n'en déplaise à votre sainteté,
Vous lui volez son beurre et son fromage,
Et toujours l'Écureuil, aussi franc que volage,
Que vous trouvez si malheureux,
Le gagnera, lui plaira mieux
Que votre hypocrite langage.

Un bon maître toujours préfèrera l'enfant
D'un caractère un peu léger, mais franc,
Au pervers, au méchant qui contrefait le sage.

# FABLE XI.

## L'ÉGLANTIER.

*A un jeune disciple qui savait reconnaître ses fautes et se repentir.*

Un fleuriste, enchanté des fleurs de son parterre,
  Passait là ses plus doux moments.
Les voir, les arroser et toujours se complaire
A vanter leurs parfums et leur mille ornements,
  Et leur forme, et leurs agréments,
  C'était presque sa vie entière.
  Jalouse de le satisfaire
  Et de mériter son amour,
Chacune de ces fleurs, sur sa tige légère,
De cent attraits nouveaux se parait chaque jour.
Là, le lis virginal entr'ouvrait son calice,
La rose sans épine étalait son carmin

Sur les frais rameaux du jasmin,

Ou couronnait les fleurons du narcisse ;

Tous les présents dont Flore embellit nos jardins

Couvraient, chargeaient ce sol propice,

Ou, près de là, brillaient sur des gradins.

La tulipe élancée et la pensée ouverte

Voulaient surtout obtenir un regard,

Et la violette, à l'écart,

Embarrassée, humble et couverte

D'un buisson qui la dérobait,

Répandait une odeur dont tout l'air s'embaumait.

— Mais toi, pauvre Églantier, parmi ces fleurs écloses,

Pourquoi détourner tes rameaux ?

Ils sont verts, ils sont frais, et partant ils sont beaux.

Qu'as-tu ? Qui te retient ? Tu n'oses

Permettre à tes boutons nouveaux

De s'entr'ouvrir en fraîches roses ?

— Hélas ! plus d'une fois j'ai déchiré la main

Qui prodigue ses soins à ce charmant parterre !

Ah ! pourquoi le cruel destin

A-t-il semé des dards sur ma tige légère ?

Car je me trouve heureux d'occuper cette terre,

Et je voudrais découvrir le moyen,
>Bon maître, de vous satisfaire.
>— Console-toi, car tu peux plaire,
>Eglantier ; le parfum divin
>Qu'exhalent tes petites roses
>Et le bien que tu te proposes
>Font oublier, dans ce jardin,
>Les faibles chagrins que tu causes.

>Bon désir et quelques efforts
>Nous excusent de bien des torts.

## FABLE XII.

#### L'HOMME, LA SENSITIVE ET LE PUCERON.

**A un jeune homme d'une extrême susceptibilité.**

Un Puceron dormait dans une Sensitive,
  Et mon doigt l'en voulut tirer.
  — Hélas! pourquoi me déchirer,
Dit, en se refermant, la corolle plaintive?
 — Ingrate fleur, j'allais te soulager,
Et l'ennemi qui dort sur ta peau vive,
  Lui criai-je, hélas! va ronger
  Ton sein que j'allais protéger! —

  Ames trop susceptibles,
 En croyant n'être que sensibles,

Vous gardez un travers
Qui troublera vos jours paisibles
Plus que mille revers.

# FABLE XIII.

## LA CHOUETTE ET LA COLOMBE.

*La tristesse et le trouble appartiennent au crime; la paix est à la bonne conscience.*

Au creux d'un chêne séculaire,
Une Chouette solitaire,
Loin des regards et loin du bruit,
Avait fixé son domicile,
Et, chaque soir, lorsque la nuit
Rendait à la forêt tranquille
Le silence et le doux repos,
L'oiseau de sinistre présage,
Sortant du fond de ses caveaux,
Commençait son triste ramage.
Mais, par son long gémissement,
Une Colombe réveillée,

Du sein de la fraîche feuillée,
Ainsi lui parla doucement :
— Ma sœur, quelle est votre souffrance ?
Quand ici tout sommeille en paix,
Au sein de l'ombre et du silence,
Debout, vous ne dormez jamais.
Quoi ! dans ces heureuses forêts,
Loin du crime et de l'injustice,
Dans ce bocage si propice,
Où la brise berce nos nids
Que la verte mousse tapisse,
Pourriez-vous avoir des soucis ?
Ma sœur, moi je suis si contente !
Jamais je n'ai connu d'ennuis ;
Je ne sais rien qui ne m'enchante.
La nuit, je dors d'un bon sommeil,
En rêvant de charmantes choses ;
Quand il est jour, à mon réveil,
Sur l'herbe et sur les fleurs écloses,
Je trouve un abondant festin ;
Rien ne manque à notre destin. —
La Chouette lui dit : — Ma belle,

Nous n'avons pas le même sort.
La douleur et le noir remord
Sont dans mon âme criminelle,
Et toi, charmante Colombelle,
L'innocence et la douce paix
Te remplissent de leurs bienfaits.

O vous qui du remords connaissez la souffrance,
Pour retrouver la paix, rentrez dans l'innocence.

## FABLE XIV.

### LA FOURMI ET LA MARMOTTE.

Contre les avares.

Une Marmotte rebondie
En ses quartiers d'hiver, vous me comprenez bien,
S'en allait à pas lents, déjà presque endormie.
　　Elle rencontre en son chemin
　　Dame Fourmi maigre et fluette,
　　Qui des pieds et qui de la tête
　　Entraînait un énorme grain
　　Dont elle avait fait la conquête
　　　Sur le bord du chemin
　　　　Voisin.
— Par le Dieu du sommeil, ma chère,
Où traînez-vous donc ce butin?

Lui cria la grasse commère.
Qui vous met l'esprit à l'envers?
Car, s'il faut croire
Ce qu'un savant écrit de votre histoire,
Si, comme nous, vous passez les hivers
Dans une parfaite indolence,
Pourquoi tant de travail? Pourquoi tant d'imprudence?
Ne vous assommez pas, rentrez vite chez vous
Et ne songez qu'à dormir un bon somme.
Un bon somme, ma chère, est-il rien de si doux?
— Celui qui nous créa ne nous fit pas pour nous,
Dit la Fourmi; mais pour instruire l'homme;
Car nous tous autres animaux,
Ne sachant rien, pleins de faiblesse,
Nous sommes pour lui les échos
De la plus sublime sagesse.
Des vers viendront manger le grain qu'à si grands frais
Dans mon réduit je leur prépare :
C'est pour apprendre à l'homme avare
Qu'il est un insensé d'entasser des bienfaits
Dont les soins épuisent sa vie
Et dont sa stupide manie

Non seulement ne profitera pas ;
Mais qu'elle amasse, hélas !
Pour éveiller la sombre envie,
Ou pour des inconnus, ou pour des cœurs ingrats.
Oui, c'est folie
De trop chichement ménager
Pour enrichir un étranger.
Mais, adieu, ma bonne commère.
Il faut, sans nous décourager,
Instruire le roi de la terre,
Et, tant pis, si ses passions
Le rendent sourd à nos leçons !
De sa sottise, un jour, il aura le salaire. —

## FABLE XV.

### LE SINGE ORATEUR.

**Contre des jeunes gens présomptueux.**

La louange est souvent une bien rude épreuve.
On a cent fois redit cette leçon ;
J'en vais donner, à ma façon,
Une nouvelle preuve,
Dans une fable toute neuve.
Lisez-la bien, jeunes enfants ;
Car c'est à vous surtout que mon conte s'applique,
Bien qu'il instruise ici les petits et les grands.

Un Singe, dès ses premiers ans,
Tiré des bois de l'Amérique,
D'un professeur de rhétorique

Charmait les loisirs innocents.
On sait que la mère nature
A fait le singe imitateur.
A force de voir le rhéteur,
Le nôtre attrapa son allure,
Et même, au dire d'un auteur,
Parfois du bonnet du docteur
Il ornait sa laide figure.
Dans ce savant accoutrement,
Car vous devinez aisément
Que la robe et que la simarre
De ce personnage bizarre
Parachevaient l'habillement;
Or, dis-je, dans ce beau costume,
Messire Singe avait coutume,
Pour s'exercer apparemment,
De se poster devant la glace,
Au milieu de l'appartement,
Et puis, avec mainte grimace,
Il s'agitait, gesticulait.
Tour-à-tour sa laide prunelle
S'abaissait et se relevait,

Etincelait et se mouillait,
Et, dans le feu d'un si beau zèle,
On prétend même qu'il parlait.
Enchanté de ce Démosthène,
Qui ne lui venait point d'Athène,
Le rhéteur et ses bons amis
L'excitaient à se mettre en scène,
Et ses tours étaient applaudis.
Mais, un beau jour, la pauvre bête,
(Que de savants ont ce malheur!)
En vint jusqu'à se mettre en tête
Qu'elle était un grand orateur.
Elle trouve la porte ouverte :
Sans bruit, la voilà qui déserte,
Court à la chaire du rhéteur,
Et, vous comprenez, dans sa langue,
Commence une vive harangue.
On rit d'abord. Les écoliers
Trouvent la farce assez comique.
Mais bientôt, armés d'encriers,
Sur le beau Singe académique
Ils fondent tous à qui mieux mieux.

Il fut resté mort sur la place,
Si le professeur furieux
Ne fut accouru dans la classe,
Et n'eût terminé sa disgrâce,
En le renvoyant tout honteux.

FIN DU LIVRE PREMIER.

# LIVRE SECOND.

## FABLE I.

**LA SARIGUE, SON PETIT ET LE CHASSEUR.**

**Conseil à un disciple imprudent.**

Les Chasseurs n'ont pas l'âme tendre.
Malheur à l'habitant, ou des airs, ou des bois
   Qui par eux s'est laissé surprendre !
   Chez les morts il lui faut descendre,
Et les vivants nomment cela leurs droits.
Droits qu'ils ont pris sur toute la nature,
Ou que le Ciel leur a donnés jadis
   Pour leurs besoins, pour leurs ennuis,

N'importe. Un jour l'un d'eux par aventure
    Vit un imprudent Sarigueau
Qui prenait ses ébats au bord d'un clair ruisseau ;
  Et le voilà qui s'arme et couche en joue
    Cet imprudent qui ne voit pas
Que, pendant qu'il s'éloigne, et folâtre, et se joue
Parmi les fleurs, sur lui plane le noir trépas.
  Il est atteint ; mais l'arme meurtrière
N'a fait que l'effleurer. Boiteux, glacé de peur,
Bien vite, il court chercher, dans le sein de sa mère,
   Contre la mort, un abri tutélaire.
Il s'y cache, et bientôt, loin des coups du Chasseur,
Rassuré par l'amour, il se calme, il respire.
    La Sarigue alors, pour l'instruire,
    Lui dit : — Souviens-toi bien, mon fils,
  Que mille maux menacent ta jeunesse,
    Et que tu n'as que ma tendresse
Pour triompher de tous ces ennemis.
    Prête l'oreille à mes avis ?
    Le Chasseur te poursuit sans cesse ;
    Ses traits cruels te perceront,
    Ou ses chiens te dévoreront.

Ne fuis pas loin de moi. Si le danger te presse,
    Ah ! souviens-toi que, sur mon cœur,
Tu trouveras toujours paix, repos et bonheur !

Jeune homme, écoute bien : Le fils de la Sarigue,
    L'imprudent qui se perd, c'est toi,
    Et sa mère, en amour prodigue,
    C'est un père, un Mentor ; c'est moi.
Pour le Chasseur, tu le sais trop sans doute,
    C'est ton cœur, fertile en désirs,
    Qui court à la mort, quand il goûte
    Le philtre enchanté des plaisirs.

## FABLE II.

LE HIBOU, LE BOUVREUIL ET LA COLOMBE.

Leçon à un jeune homme parfois mélancolique.

Triste oiseau le Hibou se cachait de son mieux,
Loin du soleil et loin des yeux,
Dans les fentes d'une masure.
C'était le temps si doux où la riche nature
Couvre de ses dons gracieux
Les coteaux, les vallons, les arbres, la verdure ;
Où tout jouit, sous la voûte des cieux.
Perché dans le plus frais feuillage
D'un bel arbre dont les rameaux
Venaient se réfléchir dans les plus belles eaux,
Un Bouvreuil au brillant corsage
Sifflait, parlait, et de ses chants nouveaux

Charmait l'écho du voisinage.
Une blanche Colombe à côté gémissait,
    Qui sans doute réfléchissait
    Aux longs dangers que sa sœur en voyage
    Allait courir sur un autre rivage.
    — Colombelle, dit le Hibou
Que le Bouvreuil fatiguait dans son trou,
Ta voix si douce et ta plainte innocente
Me vont au cœur. Je m'en rapporte à toi ;
Viens prononcer entre Bouvreuil et moi?
        Notre vie est bien différente.
        Ce léger, ce bruyant voisin,
        Etourdi, sans expérience,
        Jusqu'au soir depuis le matin,
        Finit sans cesse et recommence
        Son bout ennuyeux de refrain,
        Sans s'occuper du lendemain,
        Et sans voir que sa voix follette
Peut attirer le lacet ou la main
        De maint oiseleur qui nous guette.
Qu'il est loin de sentir le goût de la retraite,
        Et combien il est de faveurs

Pour qui fuit les hommes trompeurs !
— Non, non ! charmante Colombelle,
Reprit aussitôt le Bouvreuil,
N'écoute pas sa voix cruelle.
Va, toute sa sagesse est malice, est orgueil.
S'il se cache dans ce repaire,
Loin des pures clartés du jour,
C'est qu'il ne peut voir la lumière,
Et que les oiseaux d'alentour
Insulteraient à sa laide figure.
Trop juste horreur de la nature,
S'il fuit toute société,
A vivre seul s'il se décide,
Ma sœur, c'est que sa cruauté,
Chaque soir, le rend homicide.
Oh ! crains de le voir à minuit !
Car, pour nous tous, tant que nous sommes,
Malheur, mort, à qui ne le fuit !
Pour moi, je suis l'ami des hommes,
Et, dès que le soleil reluit,
Sans nul remords, je m'évertue
A leur répéter mon refrain ;

Je les amuse et les salue,
Pour obtenir un peu de grain.
L'hiver j'entre dans la chaumière,
Pour fuir la glace et les frimas,
Et la famille hospitalière
M'appelle et veille tout entière
A me préserver du trépas.
Lorsque sans remords est la vie,
On n'a pas de mélancolie,
Et, quand on aime son prochain,
Lorsque le cœur est sans envie,
Vive la joie! on ne craint rien;
On pense à peine au lendemain.
Tu peux parler, ma sœur, je crains peu ta sentence.
— Gentil ami, chante toujours,
Dit-elle en soupirant : la bonne conscience
Au cœur fait fête tous les jours.
Mais, crois-le bien, quelquefois l'innocence,
Sans remords, voit troubler le cours
De sa plus pure jouissance.

Toujours joyeuse est l'innocence.

Et toi, Mélancolie, es-tu mal, es-tu bien ?
Oui, mal au cœur pervers que le remords déchire,
Ou qu'entraîne un trompeur délire ;
Mais trésor, doux trésor pour l'âme du chrétien,
En qui la charité soupire.
Si ta tristesse est là, jeune homme, va, c'est bien,
Mon cœur en l'apprenant respire.

## FABLE III.

### LE CHÊNE ET LA PERVENCHE.

Consolation à un disciple qui revenait à son maître, après un moment d'égarement.

#### LE CHÊNE.

Mais pourquoi, timide Pervenche,
As-tu quitté mon tronc noueux ?
J'aimais sur mon sein généreux
La douce étreinte de ta branche.
Oui, j'aimais tes bourgeons nouveaux
Autant que mes propres rameaux !

#### LA PERVENCHE.

Un coup de vent m'a détachée
De ces beaux rameaux mes appuis,

Et maintenant, triste et penchée,
Je me dessèche et je languis.
Oh ! qui me rendra ton ombrage
Et la fraîcheur de ton feuillage ?
Je n'ose plus m'en approcher ;
Car j'ai senti ta vieille écorce
Gémir, quand l'autan vint de force
A ton doux soutien m'arracher.

### LE CHÊNE.

Reviens, ô ma fille chérie ?
J'étais orgueilleux de tes fleurs,
Elles rajeunissaient ma vie.
Mon écorce a versé des pleurs,
Ma sève qui t'avait nourrie
Veut couler encor dans ton sein.
Reviens te coller sur le mien ?
Jamais plus la rude tempête
Ne t'arrachera de mes bras.
Ah ! plutôt, abaissant ma tête,
Je l'opposerais aux frimas,
Et, pour protéger ta faiblesse,

Contre les autans turbulents,
Dans le transport de ma tendresse,
Pour toi j'entrouvrirais mes flancs.

Quand on rencontre dans la vie
Un appui pour son faible cœur,
Jamais qu'une crainte ennemie
N'en fasse perdre le bonheur.
Là toujours la tendre indulgence
Saura pardonner une erreur,
Consoler même d'une offense,
Ou d'une coupable froideur.

## FABLE IV.

### L'HOMME ET LA PUNAISE.

**Contre un orgueilleux qui se laissait emporter à l'injure.**

Un Homme en paix goûtait les douceurs du sommeil,
Quand un picotement vint hâter son réveil.
— Qui me touche, dit-il, et quelle pointe aiguë
      Me cause une telle douleur ? —
      Sa main part et, sur sa peau nue,
      De son mal a surpris l'auteur.
C'était une Punaise. Il la saisit, la jette,
      Se lève et l'écrase en marchant.

      C'est ainsi qu'il faut que l'on traite
      Un cœur ingrat, bas et méchant ;

Non que je veuille qu'on l'écrase,
On doit au mal rendre le bien,
C'est le secret du chrétien,
Mais, quand il agit, ou qu'il jase,
Qu'on le regarde comme rien.

# FABLE V.

## LE DOGUE ET LE CARLIN.

A un enfant qui, dans un accès de colère, s'efforçait d'outrager son maître.

Un Carlin maigre, et criard, et hargneux,
    Contre un Dogue, un jour, en colère,
S'acharnait. Il grognait, il jappait ; furieux,
    N'en pouvant plus, dans son ire guerrière,
      Et dans son langage de chien,
    Il épuisait sa petite science,
      Pour dérouter la patience
Du Dogue qui marchait grave comme un doyen.
Celui-ci par pitié tourne à la fin la tête :
      — Va, méchante petite bête,
    Poursuis, dit-il ; je pourrais t'avaler,
Si tu n'étais pour moi pas plus gros qu'une mouche ;

Mais je m'amuse à ta brave escarmouche,
A ton ardeur de quereller. —

Que roi, juge, seigneur, ou toute autre puissance
Fasse de même, à tort, quand le peuple l'offense.

# FABLE VI.

### LE CHÊNE ET LE BOUTON DE ROSE.

A un jeune homme d'une grande pureté de mœurs ; mais qui ne se montrait pas assez vigilant.

A BERTR...

L'aimable innocence
Est un bouton vermeil ;
Pour en garder la jouissance,
Il faut vigilance et conseil.

— Petite Rose,
A peine éclose,
Qui mollement, sur son rameau,
Balances ton bouton si beau,
Reste fleurie
Encor longtemps !....
Mais l'insecte impur et les vents

T'auront flétrie,
Avant le retour du matin.
Ah! quel dommage!
Prends-y bien garde, et cache bien
Le doux éclat de ton carmin.
Viens, place-toi sous mon feuillage,
Pour échapper à ton destin.
J'éloignerai de toi l'orage,
Tu dormiras sous mon abri,
Et la fraîcheur de mon ombrage
Conservera ton teint fleuri. —

Ainsi parlait un Chêne antique
Au frais trésor de Pæste, ou de Saron.
Mais, quel est ce charmant bouton?
Quel est ce chêne emblématique?
Gentil et vertueux garçon,
Mon cœur le sait, que le vôtre s'applique
A bien goûter cette leçon.

# FABLE VII.

### LE PASSANT ET L'EIDER.

Un bon maître ne saurait oublier les disciples qu'il a formés.

##### A UN ENFANT DU PETIT SÉMINAIRE.

Le sort qui n'entend rien aux lois de la tendresse
Exilait un Eider, loin, trop loin du berceau
    Où son amour, toujours nouveau,
A ses fils déjà gros prodiguait sa caresse,
Et, tristement couché sous l'ombre d'un ormeau,
    L'inconsolable oiseau,
    Nuit et jour, répétait sans cesse
    Le cri plaintif de sa tendresse.
    Un quidam qui vint à passer
    Lui dit : — Bel oiseau, c'est folie

De vouloir ainsi trépasser,
Pour un peu de chagrin qui vient troubler la vie.
Vos petits déjà grands n'ont plus besoin de vous.
  Ils vous ont coûté bien des peines.
  Vos plumes, le sang de vos veines,
Vous avez tout donné ; ne vous est-il pas doux
De posséder enfin cette paix qui soulage
   Des soucis, des soins accablants,
   Et de goûter ici l'ombrage,
   A l'abri des mille tourments
   Du nid, des amours, des enfants,
   Et de l'imprudence de l'âge
   Qui sème sous ses propres pas
   Et les dangers et les combats ?
   La liberté vous est rendue,
Sachez donc, bon Eider, jouir de sa douceur.
  Comprenez mieux votre bonheur,
Et n'allez pas, semblable à la tourte éperdue,
Fatiguer ces beaux lieux d'un long cri de douleur.
  Egayez-vous, voltigez sur ces rives,
   Cherchez le grain dans ces riants vallons,
    Ebattez-vous dans ces eaux vives,

Descendez, remontez au sein des flots profonds.
- Beau sire, allez goûter les doux jeux et l'ombrage,
Comme le vôtre, hélas! n'est pas fait notre cœur,
Dit l'Eider. Loin de moi, mes enfants, mon bonheur!
Ah! ces pauvres petits peuvent faire naufrage

  Dans un marais, loin du rivage
  S'égarer, se perdre et mourir,
  Sans ami pour les secourir!
Ils auront faim, sentiront la misère,
  Sans que je puisse les nourrir!
  Leur plume est encore légère,
Ils auront froid, qui viendra les couvrir?
J'ai beaucoup fait pour eux, j'ai souffert bien des peines;
Mais, tant qu'il est du sang dans le fond de ses veines,
  Le cœur d'un père a-t-il des battements,
  Sans les avoir pour ses enfants?
  Près d'eux souffrir est jouissance;
Jouir sans eux n'est que longue souffrance.
O mes petits, chers petits, mes amours,
  Pensez, pensez à votre père!
Que Dieu vous donne un sort toujours prospère!
  Oh! qu'il bénisse tous vos jours!

Je ne vous verrai plus ; mais ici-bas toujours
Votre doux souvenir charmera ma misère.

>Sur la terre aucun changement,
>Nul exil, nul éloignement
>Ne peut, au fond du cœur d'un père,
>Eteindre le doux sentiment.
Pour un bon maître, en est-il autrement ?

# FABLE VIII.

### LE FOURMILION ET LE MOUCHERON.

*Excitation au courage et à la persévérance.*

Un vieux Fourmilion, tout couvert de sueur,
Péniblement labourait la poussière
Qui devait devenir sa demeure dernière,
Et ce long et rude labeur
Terminait une vie entière
D'efforts constants, de constante douleur.
Tout auprès, sur l'herbe légère,
Un Moucheron, bouillant d'ardeur,
Mais imprudent, brouillon, volage,
Remplissait tout le voisinage
De chants de guerre. Il allait et venait,
Il s'agitait, il bourdonnait,

Faisant grand bruit, mais faible ouvrage.
Son couvert était mis sur les fruits, sur les fleurs ;
L'air le portait, point de douleurs ;
Le monde était son héritage.
Il ne cherchait que gloire et que douceurs,
Aussi fortuné que volage.

Ne plains-tu pas, mon fils, ce vieux Fourmilion
Qui jadis se cachait pour vivre
Et qui trace aujourd'hui le plus rude sillon,
A l'heure où la mort le délivre ?
Le Moucheron n'est-il pas plus heureux ?
Et, sous les cieux,
N'envierais-tu pas son partage ?
Oh ! non, si tu sais être sage.
Ecoute bien ? Le vieux Fourmilion,
Demain de sa coque poudreuse
S'échappe et recommence une existence heureuse,
Et notre insensé Moucheron,
Dans son ardeur hors de saison,
S'ira prendre aux filets où l'impure araignée
Prépare à sa folie une triste saignée.

Vois-tu, ce n'est pas tout de très-bien commencer,
De faire bruit dans une ardeur brûlante,
D'attirer les regards ; pour nous récompenser,
Le Ciel veut cette ardeur, et solide et constante.
Ah ! tu seras, mon fils, l'imprudent Moucheron,
Si tu suis seulement ta fougue turbulente ;
Mais tu seras notre Fourmilion,
Si tu ne veux de récompense
Qu'après durable effort et pénible constance.
La vertu coûte cher ; mais l'immortalité
Paie assez, ce me semble, un jour d'adversité.

# FABLE IX.

### LE NAUFRAGÉ ET LA PROVIDENCE.

**A un homme trompé dans une légitime espérance.**

Un navire avait fait naufrage :
Meubles, barils, vivres, ballots,
Toute la cargaison voguait au gré des flots.
Un pauvre Naufragé vit venir au rivage
Un débris de biscuit. Il avait faim, grand faim.
Il approche, il étend la main ;
Il croyait le tenir, il le croquait d'avance,
Quand, du fond de l'onde, un dauphin
Aperçoit ce festin,
Nage, monte, s'élance,
Et du triste marin
Dévore l'espérance.

Ce contre-temps vient redoubler ses maux.
Mais il dit : « Dieu nourrit toutes les créatures. »
Il espère, il regarde et voit des dattes mures
  Abondamment pendant à leurs rameaux.
  Il grimpe à l'arbre, à souhait il en use,
Et, malgré son malheur, fait un complet repas.

En toute occasion, ne désespérons pas.
  O Providence, à tort l'homme t'accuse !
De ce qui nous convient, Dieu seul a bien jugé,
  Et c'est pour donner qu'il refuse.
J'espérais un biscuit, un autre l'a mangé ;
  Perdrai-je ici toute espérance ?
Non pas ; car, à mon tour, je serai soulagé
  Au banquet de la Providence.
Oui, mon heure viendra, j'y compte par avance.
Pourquoi n'aurais-je pas ma place à ce banquet,
  Puisque Dieu pour chacun l'a fait ?

## FABLE X.

#### L'OISEAU DE PASSAGE.

Adieux à un disciple fidèle et bien cher.

Trop tard un Oiseau de passage
Avait construit son nid et goûté les amours.
L'hiver glacé, vers un autre rivage,
Le condamnait à chercher les beaux jours,
Et son petit qui voletait à peine
Ne pouvait pas le suivre à la rive lointaine.
Pauvre père, comme il pleurait!
Quelle douleur il endurait!
Vingt fois, vaincu par la bise hâlée,
Il voulut prendre son essor,

Et sa tendresse désolée,
Vingt fois le ramenait. Il voulait voir encor,
Consoler, caresser, et doucement instruire
A l'art de pouvoir se suffire
Le cher petit qu'il allait délaisser.
Vous l'eussiez vu l'appeler, le presser
Du bec, du regard et de l'aile,
Et, sentant qu'inutile était son tendre zèle,
A la fin : — Mon enfant, lui dit-il, souviens-toi
De tout ce que mon cœur a pour toi voulu faire.
Mon enfant bien-aimé, souvent pense à ton père,
Et, quand tu le pourras, viens vivre près de moi.
Tu sais de quel amour je t'aime.
Si tu meurs, je mourrai moi-même ;
Si tu languis, je languirai ;
Si, charmé de ces lieux, où, par sa providence,
Dieu saura bien sans moi protéger ton enfance,
Tu viens à m'oublier, eh bien ! je périrai ;
Car tu m'as couté tant de peines,
Que je ne vis plus que pour toi ;
Que même le sang de mes veines
Coule autant pour toi que pour moi.

O mon enfant, mon espoir et ma vie,
Mon doux enfant, seul bonheur que j'envie,
    Garde toujours mon souvenir.
Oui, si le Ciel daigne affermir tes ailes,
    Bien vite, hâte-toi de venir
    Me prouver tes amours fidèles.
Tu sais en quelle paix tu dormais sur mon sein.
Mes tendresses pour toi demeurent éternelles ;
Pour toi j'aurai toujours un nid doux et du grain,
    Au bord des plus fraîches fontaines ;
    Des chants pour adoucir tes peines...
    Tu seras mon unique bien ;
    Fais que je sois aussi le tien !
Dieu qui t'a fait mon fils, ce Dieu m'a fait ton père ;
    L'un et l'autre sachons-le bien ! —

    Qu'arriva-t-il ? Je n'en sais rien ;
    Mais je dirai que, sur la terre,
    Souvent le plus cruel destin
    Est celui d'un généreux père.
    Je le sais, croyez-moi, cher fils,
    Pour qui ces vers furent écrits.

Mais jamais vous n'aurez de place
Parmi les cœurs, ou de roche, ou de glace
Qui longuement me l'ont appris.

## FABLE XI.

LE RENARD, L'HIRONDELLE ET LE JEUNE CHIEN.

Contre la froideur d'un ami.

A LUI.

Un Renard philosophe avait fait sa tanière
 Aux bords fleuris d'un limpide ruisseau ;
 Un jeune chien, argus d'une chaumière,
Devenu son ami, s'échappait du hameau,
Et venait quelquefois apprendre à vivre en sage
  Sur les gazons de l'ermitage
  Où méditait ce saint nouveau.
  Un jour, plein d'ardeur, il arrive :
La tanière est déserte et déserte la rive.
  Il appelle, et l'écho des bois

Vient répondre seul à sa voix.

L'ermite

Avait pris la fuite.

— Quoi ! sans en avertir son ami tant chéri ?

— Justement, dit une Hirondelle.

Imitez sa conduite, il s'est montré fidèle

Aux sévères leçons dont son cœur s'est nourri.

Le sage qui s'élève au-dessus de la terre

Commande aux plus doux sentiments,

Et, s'il entend crier la nature, ou les sens,

Il leur ordonne de se taire —

Pourtant, vous que j'ai peint dans ce léger discours,

Pour moi soyez un peu moins sage.

Du fond de votre autre ermitage,

Sachez m'apprendre que toujours

Dans votre cœur le mien garde sa place,

Et qu'au nouveau rivage où vont couler vos jours,

Ni l'onde d'oubli, ni la glace

N'éteignent nos saintes amours.

Laissons le sévère silence

A cette froide indifférence

Qui règne aujourd'hui parmi nous.
La charité n'est point muette,
Ses discours sont fréquents et doux.
Quand le Christ faisait la conquête
Des mortels qu'il venait guérir,
Il vivait avec eux ; pour les mieux secourir,
Il leur parlait son doux langage,
Il leur montrait la route où doit marcher le sage.
Si vous ne pouvez plus avec moi discourir,
Vous condamnez-vous au silence ?
Une plume qui veut courir,
Pour raconter ce que l'on pense,
Parle souvent mieux que la voix.
Or, si l'éloignement nous défend de nous dire
Ce que si bien nous disions autrefois,
Ah ! sachons du moins nous l'écrire.
Avant que vos vertus s'effacent de mon cœur,
Surville, abaissant sa hauteur,
Deviendra le lit de la Seine,
Et Montereau verra, dans sa fertile plaine,
Oubliant de mêler leurs eaux,
Nos deux fleuves taris former deux monts nouveaux

7.

Vous le savez bien, je vous aime,
Et vous, chérissez-moi de même,
Et que, de vos bords jusqu'aux miens,
Les chevaux de la diligence,
Pour nous consoler de l'absence,
Portent souvent nos charmants entretiens?

## FABLE XII.

### LE CHAT, LA CAILLE ET LE CAILLETEAU.

Les enfants doivent être discrets.

A MON NEVEU FOREST, AGÉ DE 7 ANS.

— Mon fils, disait un jour une Caille prudente
    A son tout jeune Cailleteau,
Demain quittons la plaine et, plus près du coteau,
    Allons établir notre tente.
Ce Chat, notre voisin, notre graisse le tente,
    Et je crains bien que, plus tôt que plus tard,
Sans nous en prévenir, ce fin mangeur de lard,
    Au coucher du soleil, ne vienne
Souper de ta carcasse et même de la mienne. —
    Or l'hypocrite au doux minois

Souvent, en tapinois,
Quand la mère était éloignée,
A son imprudente lignée,
Pour la séduire apparemment,
Glissait avec douceur un mot de compliment.
Le Cailleteau s'y prit; jeunesse est tôt gagnée.
Il conta tout à ce matou fripon,
Et la peur qu'on avait, et le projet si sage
De prendre un meilleur voisinage.
Mais, dès le soir, la mère et le garçon
Etaient descendus chez Pluton.

Petits enfants, pour vous, pour la paix du ménage,
Ce que vous entendez, ne le dites jamais.
Souvent le rapporteur doit à son bavardage
Bien des maux et bien des regrets

## FABLE XIII.

LE TOURTEREAU ET LA GLACE.

Contre les faux amis.

Un Tourtereau, dans l'âge d'innocence,
    Sorti du palais paternel,
    Où quelque paresseux mortel
    Avait veillé sur son enfance,
    Se posta devant un miroir.
    Comme eût fait tout autre à sa place,
Il regarde, il s'étonne, et bientôt il croit voir,
    Dans la riche surface
    Qu'étalait à ses yeux la Glace,
Ou son père, ou son frère, ou sa mère, ou sa sœur,

Ou quelque autre enfin ; mais n'importe,
Quelqu'un bâti de même sorte ;
Et le voilà, plein de bonheur,
Et qui roucoule, et qui s'incline.
Son œil brille et toute sa mine
Exprime sa touchante ardeur.
Comme on lui rend tout ce qu'il donne,
A la tendresse il s'abandonne.
Il tressaille et brûle d'amour.
On le paie encor de retour ;
Mais il s'approche, il bat de l'aile,
Il béquette, et bientôt cette image infidèle
Disparaît ; le miroir en morceaux est à bas,
Et, tout tremblant, glacé de crainte,
Froissé, meurtri par les éclats,
Le pauvre oiseau pousse une triste plainte.

Cœurs trop tendres, quêteurs d'amis,
Craignez une belle apparence,
Et n'avancez qu'avec prudence,
En foulant les secrets parvis
Où vous cherchez l'autel de l'amitié si sainte ;

Car maints amis,
A bon droit je le dis,
Pour vous n'auront que feinte,
Alors qu'ils paraîtront plus fortement épris.
Non, l'amitié n'est point dans ce qui peint sa flamme ;
Elle habite au secret de l'âme.

## FABLE XIV.

LA ROSE ET LE PAPILLON.

A un inconstant.

Dans un riant bocage,
Un Papillon volage,
Courant de fleur en fleur,
Avait, dans son caprice,
Quitté le frais calice
Où la Rose à l'odeur
Mêlait avec délice
Un miel fait pour les dieux.
Bientôt lassé, honteux,
Pour finir son supplice,
Notre capricieux
Y revient et se pose

Sur le bord de la fleur,
Et dit : — Ma folle ardeur
De ma faute est la cause :
Voudrais-tu, douce Rose,
Me rendre ta faveur ?
— Malgré ton injustice,
Oui certes, dit la fleur.
Sache que mon calice
Est toujours plein de miel ;
Que si j'ai des épines,
Jamais je n'ai de fiel. —

Sois plus prudent, toi qui devines
    La petite leçon
Que fait ici la Rose au Papillon ;
    Et sache aussi que l'inconstance
    Qui refroidissait ton ardeur,
    Un seul jour pour toi dans mon cœur
N'a pu diminuer ma tendre bienveillance.

## FABLE XV

LE CHATAIGNIER ET LE PAYSAN.

A un jeune homme dans l'épreuve.

A la porte d'une chaumière,
Fier de ses rameaux verdoyants,
Un Châtaignier, aussi vieux que le temps,
Portait au ciel son dôme tutélaire.
Le soleil se voila, le vent avec fracas
Au loin bientôt promena la tempête.
L'onde, la grêle et les frimas
Soudain fondirent sur la tête
De l'arbre aux superbes rameaux.
Alors, du fond de sa retraite,
Le Paysan, l'œil fixé sur son faîte,
Lui dit : — A combien de fléaux

Le sort en plein air vous expose !
Quand vous tremblez, je me repose ;
Je me chauffe quand vous gelez.
— Bon vieillard, pas tant de regrets ;
Je n'accuse pas la nature.
Depuis des siècles que je dure,
J'ai compris une vérité,
C'est que rien n'affermit comme l'adversité.—

# FABLE XVI.

## LA POULE ET LES DEUX POULETS.

A des élèves qui se plaignaient en secret de la préférence qu'on paraissait avoir pour d'autres.

— Ah! vous m'aimez moins que mon frère,
Disait un Poulet à sa mère.
Soir et matin, dans cette cour,
Souvent même pendant le jour,
On vous voit côte à côte avec mon petit frère,
Et presque jamais avec moi.
Vous lui donnez la préférence.
— Je ne l'aime pas plus que toi ;
Mais il a, lui, bien plus de prévenance.
Dès qu'il m'aperçoit, il accourt,
Et toujours il trouve trop court

Le temps qu'il passe avec sa mère.
Il n'en est pas de même de son frère. —

Celui qui se tient à l'écart
Ne montre pas que son cœur aime ;
Si l'on est froid à son égard,
Il ne doit pas s'en prendre à d'autres qu'à lui-même.

8.

## FABLE XVII

LE LIS ET LA LIMACE.

Prix de l'innocence.

Parmi les fleurs d'un beau parterre,
Un Lis frais et majestueux
Élevait sa corolle altière.
Son éclat attirait les yeux,
On vantait son port et sa grâce,
Pardessus tout, sa pureté.
Mais là rampait une affreuse Limace
Qui, jalouse de sa beauté,
Dit aux passants : — Laissez-moi faire,
Cet orgueilleux sera déshérité
Du don qu'il a de tant vous plaire ! —
Et la voilà qui, sur la terre,

Pour arriver jusqu'à la fleur,
S'allonge lentement, doucement monte et glisse
Jusqu'au fond de son blanc calice.
Sa bave en a flétri l'éclatante splendeur,
La Limace, dans sa fureur,
En a rongé chaque pétale,
Et rien bientôt n'est plus laid, ni plus sale,
Que le beau Lis dont la fraîcheur
De ce parterre était l'honneur.

Jeunes amis, c'est votre histoire
Que vous fait ce conte nouveau.
Votre innocence est votre gloire,
Et votre trésor le plus beau :
Si vous la perdez, votre vie,
Comme un beau lis souillé sur son rameau,
Hélas ! sera bientôt flétrie !

**FIN DU LIVRE SECOND.**

# LIVRE TROISIÈME.

## FABLE I.

### LE TRONC ET LE RAMEAU.

On ne peut rien refuser à celui qui aime.

— Quoi! veux-tu m'épuiser, mon fils?
Disait un Tronc, creusé par l'âge,
Au Rameau chargé de feuillage
Qui rajeunissait ses débris.
— Oh! non, mon père; mais la vie
S'échappe à flots de votre sein.
Si votre sève, hélas! m'était ravie,
Je perdrais la vigueur du mien.
Versez, versez toujours, mon père,

Vous renaissez dans votre fils !

— Eh ! bien, absorbe tout ! Tu vis,

Sur mon flanc ta beauté prospère ;

C'est assez. Je voudrais mourir,

Si ma mort devait t'embellir ;

Car ta vie est la mienne entière. —

Je n'ai pas besoin de m'ouvrir ;

Tu ne veux pas que je m'explique.

Pour t'exprimer ce que ma fable indique,

Il me faudrait, jeune homme, un long discours,

Et, quand le cœur parle, toujours

Le cœur comprend ce qu'il indique.

## FABLE II.

#### LE ROCHER ET L'ARBUSTE.

Il ne suffit pas du ésir pour être vertueux.

— Je suis jaloux, disait un jour
Aux arbrisseaux verts d'alentour
Un Rocher qui bravait et les vents et l'orage.
Vous vous couvrez du plus brillant feuillage,
Vous avez des fruits et des fleurs,
Et moi qui suis le roi de ces hauteurs,
Moi qui sais défier la plus rude tempête,
Rien jamais n'embellit ma tête ;
Je suis aride et sans accroissement ! —
Sa plainte paraissait bien juste.
— Sois moins dur, lui dit un Arbuste,
Et tu seras tout autrement.

La pierre elle-même s'augmente,
Si l'eau qui filtre doucement
Peut arriver jusqu'à son flanc.
Quand elle y glisse, elle y cimente
La terre et les légers gravois.
Souvent même, en dépit de sa propre nature,
Elle orne le Rocher d'une fraîche ceinture,
Et mêle au feuillage des bois
Son front décoré de verdure. —

Les vertus ont les mêmes lois.
Si notre cœur reçoit l'eau pure de la grâce,
Nous obtenons leur lustre et leurs douceurs,
Sinon leur empreinte s'efface,
Et nous restons comme un roc que les fleurs
Déshéritent de leurs faveurs.
Oh! la grâce, mon fils, que sa force est puissante!
Laisse-là bien te pénétrer,
Et bientôt sa vertu touchante
De mille et mille dons va venir te parer!

## FABLE III.

LE RUISSEAU ET LA FORÊT.

La retraite nous sauve.

A UN ÉLÈVE DU PETIT SÉMINAIRE.

Du sein d'une vieille Forêt
S'échappait un Ruisseau d'eau pure
Qui semblait couler à regret
Dans ce séjour où la nature
Protégeait son léger trésor.
— Ruisseau chéri, lui disait-elle,
Hélas ! quand ton onde infidèle
Aura fui, sur un sable d'or,
Tu jouiras de te répandre.
Oui ; mais qui saura te défendre ?
L'homme, pour abreuver ses champs,
Viendra te couper en tous sens,

Le ciel, les animaux, la terre,
Tout ce que ta douce fraîcheur
Invite, anime ou désaltère,
Se remplira de ta liqueur.
Bientôt, charmant Ruisseau que j'aime,
Ah! tu ne seras plus toi-même
Qu'une imperceptible vapeur.
Pourquoi fuir loin de mon ombrage?
Si tu voulais couler toujours
Sous l'épaisseur de mon feuillage,
Charme toi-même du bocage,
Rien ne pourrait user ton cours. —

Ah! combien d'ondes fugitives
Tarissent le cours le plus pur,
Pour vouloir égarer leurs rives
Sous un ciel un peu moins obscur!
Le monde est une sèche arène
Où la vertu perd sa fraîcheur,
Et, du moment qu'il nous entraîne,
Il nous ravit les biens du cœur
Mais, toi que j'ai peint dans cette onde,

Redoute une inconstante ardeur.
Loin de nos murs sacrés, le monde
A tes yeux se montre enchanteur ;
Si tu l'écoutais, quel malheur !
Ah ! bientôt sa terre inféconde
Viendrait détruire ta candeur,
Te ravir ta paix si profonde
Et finir, hélas ! ton bonheur.

## FABLE IV.

LE PASSANT, LE LIS ET LA JUSQUIAME

On invite un jeune homme à choisir des amis vertueux.

A BERTR...

Flore a séduit mon cœur dès mes plus tendres ans,
Et j'aime à détacher de sa riche couronne
  Les emblèmes purs et touchants
Des diverses leçons que ma tendresse donne
  A mes amis, à mes si doux enfants.
Jadis je t'ai parlé comme au Bouton de rose
Que menaçaient l'insecte et les rudes autans :
 Sois aujourd'hui la fleur du Lis éclose
Près de Jusquiame au poison dangereux.
  Je veux par ce conte propice

Conserver à ton frais calice
Et ses parfums et son air gracieux.
Lis donc ces vers, écrits sans artifice,
Avec un esprit droit, avec un cœur pieux?


Dans une plaine de verdure
Où brillaient les plus nobles fleurs,
Je ne sais pourquoi, la nature,
Loin de la Rose aux divines odeurs,
De l'Anémone au front baigné de pleurs ;
Loin de la Violette et de la vive Flamme,
Laissait, dans un coin plein d'horreurs,
Grandir, près de la Jusquiame,
Un beau Lis au front argenté.
Un Passant qui le vit s'écria : — Fleur royale,
Est-ce ta place ici? Le noir poison qu'exhale
La triste Jusquiame, au calice empesté,
Corrompt ton doux parfum. Ta blancheur est flétrie.
Sors de ces lieux, innocent roi des fleurs ;
Va croître, va montrer tes attraits enchanteurs
Dans la charmante compagnie
Où l'Anémone épand les perles de ses pleurs

9.

Sur quelque autre fleur fraîche éclose,
Trop heureuse de ce présent;
Où, dans ta corolle d'argent,
Tu recevras ceux de la Rose.
Hélas! depuis quel jour ne voit-on plus unis
La douce Rose et le doux Lis?
Quoi! Flore de tout temps, dans son riant empire,
N'a-t-elle pas voulu que l'œil vit se sourire,
En mariant leurs parfums, leurs couleurs,
Et la reine et le roi des fleurs? —

Ce Passant disait bien. La grâce et l'innocence
Périssent auprès du méchant.
Son souffle enlève l'espérance
D'un héritage si touchant;
Mais, près de la vertu, la vertu protégée
Redouble ses divins attraits.
Ah! si tu veux, mon fils, que de ses longs regrets
Mon âme enfin soit soulagée,
Toi qui m'es cher comme mes yeux,
Toi, mon fils bien-aimé, mets toujours ta faiblesse
Au sûr abri de la sagesse,

Et ne connais jamais d'ami plus généreux
>Que l'enfant docile et pieux.
>On dit que celui qui nous aime
>Sait pénétrer notre secret :
Devine les amis que mon amour discret
Veut ici t'indiquer sous un charmant emblème?

## FABLE V.

#### LE JEUNE COQ ET LA POULE.

Un bon maître ne peut rester sans disciples.

Ornement d'une basse-cour,
Un jeune Coq disait un jour :
— O ma mère, Poule si tendre,
Quoi ! n'aimes-tu plus tes enfants ?
Où sont tous tes empressements ?
Tu fuis, tu ne viens plus leur rendre
Tes soins si doux, si caressants ?
Ah ! naguère, auprès d'eux fidèle,
Tu ne pouvais t'en séparer !
Si l'un venait à s'égarer,
Les yeux en feu, pleine de zèle,
Tu savais bien le déterrer,

Et le ramener sous ton aile,
Et le réchauffer dans ton sein.
Si l'autre, sans expérience,
Ne pouvait rencontrer le grain
Que lui donnait la Providence,
Tu le lui découvrais soudain.
— Mon fils, tes paroles sont belles.
Tels étaient mes soins, mes tourments,
Reprit-elle ; mais mes enfants
Alors se cachaient sous mes ailes,
Et s'y trouvaient bien. Ils sont grands,
Aujourd'hui, sans mon assistance,
Ils vont chercher leur subsistance.
Je ne leur suis plus bonne à rien,
Eux-mêmes s'en vont et font bien.
Laisse-moi, pleine d'espérance,
Laisse-moi couver d'autres œufs ;
Car nourrir fait ma jouissance,
Et, sans famille, sous les cieux,
Je ne trouverais que souffrance.

## FABLE VI.

L'ENFANT ET LE VIEILLARD.

L'indocilité perd la jeunesse.

Etourdi comme l'est son âge,
Un Enfant, au bord d'un ruisseau,
Se penchait pour agiter l'eau,
Ou pour contempler son image.
Un Vieillard qui vint à passer
Lui cria : — Mon enfant, prends garde,
Ou sur l'herbe tu vas glisser !
Oh ! tiens, vite accours, il me tarde
De te voir en plus sûr endroit !
— Passez votre chemin tout droit,
Brave homme, je saurai que faire.
Je ne suis pas octogénaire,

Répondit-il, je me tiens bien. —
Le bon Vieillard suit son chemin.
Il n'a pas fait trois pas, que l'onde
Retentit, jaillit et soudain
La vague noire et trop profonde
A couvert l'indocile Enfant.

Combien j'en ai vus des plus sages
Qui, pour un caprice imprudent,
Ont fait les plus tristes naufrages!
Tous n'ont pas succombé soudain;
Mais l'orgueil et la suffisance,
Hélas! trop indocile enfance,
Te perdent par plus d'un chemin!

## FABLE VII.

L'ENFANT ET LE MINEUR.

Le travail enrichit l'homme.

A MES NEVEUX, DONT JE FAISAIS L'ÉDUCATION.

Un jour des Mineurs haletants
Tiraient avec effort du centre de la terre
Ce minerai si riche, où Dieu, dans la poussière,
Des plus rares métaux a caché les présents.
— Eh! bien, dit un Enfant aimable,
Dont la main prompte sur le sable
Venait de ramasser, comme un noble trésor,
Un brillant petit coquillage,
Voyez donc, avec moins d'ouvrage,
Plus vite j'amasse plus d'or!

Laissez là vos cailloux, venez près du rivage ;
On verra dans vos mains briller les diamants,
L'argent et l'or, les pierres précieuses.
— Prends garde, mon ami, ces coquilles trompeuses
Séduisent par leurs ornements,
Dit un Mineur ; mais au dedans
Ce n'est que chaux et que poussière.
Dans nos cailloux, c'est le contraire :
Au dehors, rien ne plait aux yeux ;
Mais le dedans est plein d'un métal précieux. —

C'était bien clair. Où veut mener ce conte?
A vous dire, mes bons enfants,
Qu'il en est de même, à mon compte,
De l'esprit et des vrais talents.
L'esprit, ce feu léger qui brille,
Et qui séduit les ignorants,
Voyez-vous bien, c'est la coquille
Aux contours dorés et luisants,
Et le vrai mérite, au contraire,
Est le minerai précieux.
Il apparait moins à nos yeux ;

Il faut le chercher dans la terre,
Et, seul, le travail sérieux
En obtient le riche salaire.

# FABLE VIII.

### LA TORTUE, LA PIE ET LE CANARD.

A des enfants qui se persiflaient les uns les autres.

Dame Tortue, un jour, sur le bord d'un ruisseau,
Marchait péniblement; Corneille babillarde
Insultait les passants du faîte d'un ormeau,
Cependant que Canard, à la voix nasillarde,
S'en allait pesamment se remettre dans l'eau.
    Noble trio, savante compagnie,
Digne d'avoir sa place en mainte académie;
        Car ils se croyaient tous les trois
        Ornés d'une vaste science.
        Mais chacun se trouvait des droits
        A l'honneur de la préséance,
Et ravalait, par d'outrageux propos,

Le mérite de ses égaux.

Tant il est vrai que l'ignorance
Surtout ignore à son propre regard,
Et redouble de suffisance.

— Madame la bourbeuse arrivera bien tard,
En courant de ce trot, nasilla le Canard.
Pourquoi si lourde et si hâtée ?
Le givre vous fait peur, et, durant tout ce temps,
Dans la boue épaisse encroutée,
Vous attendez le retour du printemps,
Pour reparaître dans le monde.
L'hiver comme l'été, moi je vogue sur l'onde.
Pareil à l'habitant des mers,
Je marche sur le globe, et, dans les vastes airs,
Je prends aussi ma course vagabonde.
Vous sifflez, moi je chante. — Ah ! monsieur du Canard,
Si vous prenez pour voix votre bruit nasillard,
Se mit à leur crier la Pie,
Sans me vanter d'être habile en cet art,
Je vous dirai, qu'en fait de mélodie,
Vous êtes un gros ignorant,
Un virtuose de village.

Ah! vraiment, vous chantez aussi bien que je nage !
Vous vous vantez : au demeurant,
Vous qui glosez si bien de mesdames Tortues,
Pour vous élever jusqu'aux nues,
Eh! n'êtes-vous pas qu'un lourdaud
Qu'on prise encor plus qu'il ne vaut ?
Vous nagez ; mais notre commère
Nage tout aussi bien ; sur terre,
Elle marche aussi mal que vous.
Pour voler, c'est une autre affaire,
Ce savoir n'appartient qu'à nous.
Ce n'est pas que cet avantage
Soit le même à tous les oiseaux :
Vous rasez, vous, l'humble bord des ruisseaux,
Et, dans l'humide marécage,
Vous jouissez d'un ignoble repos ;
Je vole, moi, de la plaine au bocage,
J'habite les vallons, les bois et les coteaux.
Je ne sais pas chanter ; mais je prédis l'orage ;
C'est un don que m'ont fait les dieux.
Je sais de l'homme imiter le langage.
L'habitant de la ville et l'hôte du village,

Tous ont sur moi souvent les yeux.
Leur regard m'interroge et cherche quel partage
Leur prépare la haine, ou la bonté des Cieux
    Eh bien! Canard, sens-tu la différence
        Que le sort a mise entre nous?
        Ma bonne dame, quant à vous,
        J'ai souvent plaint votre souffrance.
Chacun a ses malheurs ; mais vous en avez trop.
        Oui, je vous plains ! — Margot, Margot,
        C'est toi vraiment qui fais la dame.
        Ta langue trotte au grand galop ;
        Mais tout ton savoir, sur mon âme,
        Je n'en donnerais pas deux sous,
        Et, pour parler franc, entre nous,
        J'aime un peu mieux mon héritage,
Que celui que les dieux t'ont donné pour partage.
Tout le monde te hait, tu ne dis que des maux.
        Bavarde, coureuse, volage,
        Voleuse même, à tout propos,
        Tu jettes l'alarme au village,
    Et tout l'honneur qu'on te fait, c'est la cage,
        Où parfois maints petits nigauds

S'amusent de tes cris, pour un peu de fromage.

  Ah ! notre sort vaut beaucoup mieux !

  Il est vrai, nous autres Tortues,

Nous ne voyageons pas dans la voûte des cieux,

  Nous n'allons pas nous perdre dans les nues ;

  C'est le partage des oiseaux.

Nous avons pour empire et la terre, et les eaux ;

  C'est un assez bel héritage ;

  C'est un assez vaste logis.

Nous n'avons pas besoin de construire des nids,

  Pour y fixer notre ménage ;

En même temps que nous, notre maison voyage.

  Nous défions nos ennemis,

  Avec un si léger bagage.

Ainsi vivait le Scythe, en des temps plus heureux.

  Nous parlons peu : le silence vaut mieux

  Qu'un insipide bavardage.

Pythagore l'a dit, Pythagore était sage.

  Quant au chant, croyez-moi, les dieux

  Ne nous ont pas fait grand dommage.

  Le bruit, le can-can nazillard

  Dont se targue monsieur Canard

Et les caquets de madame la Pie
Sont des talents que personne n'envie.
Quant à votre célébrité,
Si vous connaissiez mieux la docte Antiquité,
Contre nous pourriez-vous médire ?
Nous avons inventé la lyre ! —

En vérité, mes chers enfants,
Que pensez-vous de ces trois bêtes ?
Et pourtant il est bien des têtes
Qui, sans avoir plus de talents,
Débitant cent erreurs, au moins aussi follettes,
Se donnent pour d'habiles gens.

## FABLE IX.

#### LA LIME ET LA CHAINE.

**Contre un enfant satyrique.**

Une Lime un jour s'acharnait
A mordre une Chaine rouillée :
— Méchante, lui dit-elle, ah ! si ta dent venait
Me rendre le luisant dont l'eau m'a dépouillée !
Mais ce n'est pas par générosité ;
C'est par pure malignité,
C'est pour m'user, que ta constante haine
Sévit contre une pauvre Chaine !
Tu fais le mal, tu me ronges le sein,
Et que t'en reviendra-t-il ? Rien.
Moi, si je suis une Chaine épuisée
Par le triste outrage du temps,

Qu'es-tu, cruelle, avec tes dents ?
Une Lime barbare, et bien mal avisée. —


Écoute, enfant épilogueur,
A la parole trop caustique ?
Sais-tu quel est celui qui toujours blesse, ou pique ?
Un insensé. C'est plus ; un méchant cœur.
On le fuit. Sa pointe inhumaine
Éveille au fond de l'âme un secrète haine
Que nourrissent longtemps l'orgueil et la douleur.

## FABLE X.

L'ARAIGNÉE ET LE VER A SOIE.

But de la vraie science.

Sous le feuillage d'un mûrier,
Un Ver filait sa coque précieuse.
Au même ombrage hospitalier,
Une Aragne laborieuse,
Sans s'accorder aucun repos,
Pour prendre la mouche étourdie,
Fil à fil, renforçait de mille et mille anneaux
La toile qu'elle avait ourdie,
Et suspendue aux verts rameaux.
Le Ver lui dit : — Ma sœur, la puissante Nature
Nous donna le même talent ;
Mais, entre nous, il est bien différent.

Mon fil doré sert de parure
Aux rois, maîtres de l'univers.
On le recueille avec usure,
On en fait cent objets divers
Que ne peuvent avoir que les riches du monde.
A quoi bon vos sales filets?
Qu'en tire-t-on? Ah! ce sont des lacets
Où la mouche trop vagabonde
Vient, sous votre suçoir fatal,
Expier sa folle imprudence;
Et votre art, et votre puissance
Ne servent qu'à faire du mal.
Moi, je peux moins, grâce à la Providence!
Non, ma sœur, moi je ne peux rien
Que mon fil; mais je ne fais que du bien.
Je suis toujours l'objet d'une riche espérance.
On me vante; on m'admire!— Ah! mon frère, tout beau,
Reprit l'Aragne, un peu moins de jactance,
Et laissez-moi prendre un peu ma défense?
Votre fil est votre tombeau;
Vous n'en tirez pas d'autre usage.
Moi, peu m'importe, après ma mort,

Ce qu'on dira de moi, quel doit être mon sort,
Et si j'aurai pour tombe un pauvre ou riche ouvrage.

  Ma toile entre dans mon ménage,
   Elle sert à garder mes jours,
   Et, tant pis, si l'humaine engeance
   N'en sait tirer aucun secours!
  Que valent tous vos vains discours?
On n'en est pas moins mort, et la mite, en silence,
   N'en trouve pas moins sa pitance
En nos corps. Mon ami, disons-le sans détours:
Pour un être savant, c'est être bien peu sage
    Que d'épuiser sans intérêt
    Sa courte vie et son courage.
    Que nous importe ce qu'on fait
    De ce qui reste après la vie?
    En prendre souci, c'est folie.
    Travaillons pour un bien certain,
    Ou tous nos talents ne sont rien. —


    C'est vrai, j'estime la science
    Qui se propose un noble but;
Mais celle dont la fin, dont toute l'espérance

Est d'obtenir le stérile tribut
>Que l'orgueil a dans la louange,
C'est, crois-moi, cher enfant, une folie étrange
>Qui ne nous donne que du vent.
A ce prix, on est sot de devenir savant.

## FABLE XI.

### LA ROSE ET LE NUAGE.

**Contre les avares.**

Tout brûle dans les champs, le ciel est sans nuages ;
Un seul aux plis légers, bordé d'argent et d'or,
Vogue nonchalamment dans les célestes plages,
Comme sur l'Océan le vaisseau prend l'essor,
 Ou comme, au gré de vingt zéphyrs volages,
  La voile roule sa blancheur
Sur l'azur immobile où glisse le pêcheur.
  Mourant de soif, à peine éclose,
Et, soulevant son front flétri par la pâleur,

Sur la grève, une pauvre Rose
A ce Nuage voyageur
Semblait crier avec douleur :
— Beau Nuage, sois-moi propice?
Dieu m'a promis tes doux présents :
Pour moi, daigne entrouvrir tes flancs ;
Verse une goutte à mon calice ?
Tous mes membres sont languissants,
Riche Nuage, un peu d'eau, je succombe,
Je meurs ; avec moi dans la tombe
Descendent mes nombreux enfants ! —
Et, méprisant la fleur jolie
Et le doux trésor de son sein,
Sans lui laisser une goutte de pluie,
Le Nuage suivit son rapide chemin.
Ah ! pas même un peu d'ombre !... et nul autre nuage
Pendant longtemps ne visita ces bords,
Et la pauvre fleur, sur la plage,
Morte, épancha vainement ses trésors !

Le Nuage dur, c'est l'avare
Qui n'a pour l'indigent qu'un regard dédaigneux ;

La Rose est le pauvre Lazare.
Mais Dieu les voit du haut des cieux,
Et sa justice leur prépare
Ce qu'ils méritent tous les deux.

## FABLE XII.

LA GOUTTE D'EAU.

Récompense de l'humilité.

Une pauvre petite Goutte
Qui brillait au milieu des airs,
Du haut de la sublime voûte,
Descendit jusqu'au fond des mers.
Mais, en voyant, dans leurs abimes,
Les flots se creuser en vallons,
Ou, grandissant comme des monts,
Élever jusqu'aux cieux leurs cimes,
Confuse : — Hier, dit-elle, hélas !
Je brillais parmi les nuages,
Et maintenant je ne vaux pas,
Dans ces abimes sans rivages,

L'herbe légère qui là-bas,
Au gré de ces brillantes ondes,
Vogue sur les vagues profondes ! —
Dieu l'aperçut, Dieu l'entendit,
Et d'une robe de noblesse
Son doigt puissant la revêtit.
Il la fit perle, et sa richesse
La vint déposer cette fois
Sur le diadème des rois.

Soyez modeste, enfant que j'aime.
Dieu se plut dans l'humilité;
Imitez-le : ce Dieu lui-même
Vous couvrira de dignité.
Mais, pour prix de la leçon prompte
Que ma muse vous fait ce soir,
Demain, lorsque j'irai vous voir,
Recevez, docile et sans honte,
Les conseils que, plein de douceur,
Je veux glisser dans votre cœur?

# FABLE XIII.

### LA JEUNE HIRONDELLE ET LA TOURTERELLE.

#### Encouragement à un pieux retour.

Par l'orage emportée, une jeune Hirondelle,
  A peine encore en âge de voler,
Près de l'arbre où veillait la douce Tourterelle,
S'agitait, gémissait, ne cessait de trembler,
   Et la Colombe eut pitié d'elle.
  — Veux-tu te coucher près de moi ?
  Ma petite sœur, lui dit-elle ? —
  Veux-tu reposer sous mon aile,
  — On peut être en paix avec toi,
  Répliqua la pauvre Hirondelle,
  En ton doux amour j'ai bien foi ;
  Mais, hélas ! tu n'es pas ma mère,
Et, pour moi, rien ne peut l'égaler sur la terre.

Ma mère connaît mes besoins.
Je ne sais recevoir que de ses tendres soins
>Un vrai secours; c'est pourquoi je l'appelle.
— Oh! c'est bien dit, reprit la Tourterelle,
On n'a qu'une mère ici-bas.
Pars, mon enfant, ne tarde pas;
Tu pourrais rencontrer la chouette cruelle.
Ta mère t'attend; va te cacher dans son nid,
Et, ton tourment sera fini,
A l'heure où tu pourras te poser sur son aile. —


Ce nid est prêt, et ton cœur me comprend.
Reviens vite, ô mon cher enfant,
T'y mettre à l'abri de l'orage?
Et, bravant la fureur du vent,
Retrouver, près de moi, la paix et le courage.
Je ferai glisser sous ton flanc
La douce laine de la grâce;
Je te nourrirai de ce pain
Par lequel des faux biens se passe
La triste et dangereuse faim.
Reviens, reviens? Je t'attends dès demain.

## FABLE XIV.

### LA CHRYSALYDE ET LA FEUILLE.

Leçon de modestie.

A UN ENFANT UN PEU ENCLIN A LA VANITÉ

#### LA CHRYSALIDE.

O feuille, ta fraîcheur dure un peu plus d'un jour,
  Et tu retombes en poussière.
Mon sort est bien meilleur, et vraiment j'en suis fière.
L'hiver, ici je dors ; mais, à son beau retour,
Le printemps me verra de ma coque légère
Sortir pleine d'éclat, pour habiter les cieux.

#### LA FEUILLE.

Notre destin, ma sœur, ne vaut ni moins, ni mieux.
  Dieu me fit pour être verdure
  Et rafraîchir le pauvre voyageur ;
  J'obéis à mon créateur.

Si vous naquîtes, vous, pour orner la nature
    Par vos ailes, votre couleur
    Et l'heureux souffle de la vie,
    Je ne vous porte point envie.
Vivez sans vous vanter, craignez que les hivers,
    Ou quelque triste maladie
Ne vous fasse essuyer de bien tristes revers.
    Soyons ce que veut notre maître ;
Mais, notre fond n'est rien ; sachons le reconnaître. —


La feuille avait raison. Au retour du printemps,
    La Chrysalide, dans ses flancs,
Au lieu de la vanesse aux ailes si jolies,
    Ne vit que des mouches noircies
    Qui, pendant l'hiver rigoureux,
    S'étaient à leur aise nourries
    Du lépidoptère orgueilleux.
  Gentil enfant, ne faites pas de même.
  On vous admire, on vous loue, on vous aime ;
    Prenez garde à ce sort trop doux.
    Craignez d'être content de vous ;
    Vous détruiriez notre espérance.

Soyez franc et sans complaisance.
L'orgueil est un mortel poison :
Rejetez sa fatale ivresse,
Et vous tiendrez votre promesse,
Et vous serez, dans la saison,
Ce qu'annonce votre jeunesse.

## FABLE XV.

#### LA SOURCE ET LE ROCHER.

A un jeune homme qui se plaignait de ne pas avancer assez vite ses études.

Un Filet d'eau qui sortait de la terre,
 Et qui se hâtait d'épancher,
 Dans les prés, son onde légère,
 Fut arrêté par un Rocher.
 — Seigneur, laissez-moi le passage,
Lui disait-il d'un murmurant langage? —
 Mais le Roc ne répondait rien
 A sa suppliante prière.
   Que faire?
Notre Source le comprit bien.
Prenant son temps, elle creuse la terre,
 Lentement filtre dans son sein,

S'y ménage un petit chemin,
Dans les entrailles de la pierre,
Et bientôt, de l'autre côté,
Son flot, d'un cours précipité,
S'épanche avec plus d'abondance.

On triomphe de tout avec la patience.

## FABLE XVI.

### LES DEUX CHENILLES.

*Apologue philosophique.*

Deux Chenilles rampaient sur les feuilles d'un chêne.
L'une disait : — Ma sœur, qu'envers nous le destin
    Se montre injuste et nature inhumaine !
    Quand le soleil descend chaque matin,
    Pour embellir la montagne et la plaine,
    Ne vient-il pas éclairer nos douleurs ?
Nous vivons, il est vrai, sur l'herbe et sur les fleurs ;
    Mais hélas ! avec quelle peine,
    Avec quels efforts nous marchons !
L'oiseau fend l'air, de son brillant plumage,
    L'agneau bondit aux frais vallons,
    Dans l'Océan le poisson nage,

Maint insecte à son gré voyage
Sur la terre, sur l'eau, dans le vide des airs,
Et nous, nous seules, nous, semblables à ces vers
 Qui lentement se traînent dans la fange,
 Nous qui filons l'habit des rois,
 Plus lentes encor, je le crois,
(L'injustice du sort n'est-elle pas étrange?)
 Nous ne marchons pas, nous rampons !
 Encor quelle est notre existence ?
 Ennui, travail, sueur, souffrance,
 Et, pour un rien, nous la perdons !
 Les oiseaux nous cherchent, nous mangent,
 Nous donnent à leurs nourrissons,
 Et, les hommes que nous servons,
 Les hommes, chaque jour, se vengent
 Des présents que nous leur faisons !
 Ils nous écrasent pour salaire,
 Et, dans leur éternelle guerre,
Et nous, et nos enfants, par milliers nous mourons.
 Voilà notre sort sur la terre !
Ah! n'est-il pas cruel le Dieu capricieux
 Dont la triste magnificence,

Pour faire essai de sa puissance,
Jeta, sous la voûte des cieux,
Des êtres si pleins de souffrance? —
L'autre à son tour lui dit : — Tu blasphèmes, ma sœur,
Tu méconnais, dans ton murmure,
La sagesse du Créateur.
Va, tout est bien dans la nature.
Il n'est point ici-bas de solide bonheur,
Et le soleil qui nous éclaire
Ne nous voit pas plus de misère,
Pas plus de peine et de malheur,
Qu'aux autres habitants qui peuplent cette terre.
L'oiseau craint le trait du chasseur,
L'agneau marche à la boucherie,
Le poisson meurt au sein des flots,
Poursuivi, dévoré par les monstres des eaux,
L'insecte, sous l'herbe fleurie,
Par l'insecte plus grand se sent ravir la vie;
Tous de mille ennemis redoutent les complots.
Ici-bas, chaque être a ses maux.
Le roi si fier de la nature,
L'homme qui t'écrase en marchant,

Ignores-tu quels tourments il endure,
Et combien son sort est touchant?
Tout se courbe à ses pieds superbes,
Depuis les plus petites herbes
Jusqu'aux chênes altiers des bois;
Et le condor et l'oiseau-mouche,
Et l'humble rat, et le tigre farouche,
Tout ici-bas connaît sa voix;
Tout le craint et tout de sa bouche
Avec respect reçoit des lois,
Et, comme nous, il meurt! La poussière est sa couche,
Et sa vie est un long malheur.
Ah! taisons-nous! La Providence
Veut sans doute que le bonheur
S'achète au prix de la souffrance.
Souffrons donc, pour jouir, ma sœur.
Rampons quelques jours sur la terre.
Sans nous plaindre, endurons encor.
Nous aurons notre tour: cette sale poussière,
Nous la rejetterons, et, prenant notre essor,
Sur des ailes d'azur et d'or,
Nous irons contempler l'astre et la lumière,

Défier au vol les oiseaux,
Nous nourrir du parfum des roses,
Nous mirer au cristal des eaux,
Et dormir sur les fleurs qui sont fraîches écloses.
Ma sœur, des plaisirs si nouveaux
Nous feront oublier toutes les autres choses. —

Excellente leçon ! Toi qui pleures ton sort,
Quelle que soit, ô mortel, ta souffrance,
N'accuse jamais Dieu. Souris à l'espérance ;
Attends en paix le moment de la mort.
Ah ! secouant alors la honteuse poussière
Qui te retient dans ce séjour de maux,
Tu prendras ton essor, tout brillant de lumière,
Pour goûter dans le ciel un éternel repos !

FIN DU LIVRE TROISIÈME.

# LIVRE QUATRIÈME.

## FABLE I.

### LA ROSÉE.

*La grâce ranime et vivifie l'homme.*

Par les feux du soleil brûlée,
　Sur sa tige désolée,
　Une fleur languissamment
　Penchait sa tête flétrie,
　Et se plaignait que sa vie
　N'eût duré qu'un seul moment.
　Un arbre du voisinage,
　Vers elle étendant ses bras,
　Lui présentait son ombrage ;

Mais il ne l'atteignait pas.
— Pauvre fleur, hélas! hélas!
Lui dit-il en son langage,
Sitôt perdre tes appas!...
Le Ciel qui t'a déposée
Ici, pour orner ce bord,
Le Ciel ne veut pas ta mort.
Il a créé la Rosée,
Pour finir ton triste sort.
Gente fleur, reprends courage,
Nourris-toi d'un doux espoir.
Pour réparer ton dommage,
Glissant sur l'aile du soir,
La pure et fraîche Rosée,
Sur ta tige reposée,
Va te rendre ton honneur,
Ton parfum et ta couleur. —

Ai-je besoin de le dire?
Cette fleur est notre cœur
Qui se ranime et respire
Par la grâce du Seigneur.

Plante au soleil exposée,
Ah! toujours, dans ta douleur,
Compte sur cette Rosée.
Oui, quand on le veut, toujours,
Pour rafraîchir sa pauvre âme,
On peut avoir son secours.
Souvent elle se fait flamme,
Pour ranimer la langueur.
L'amour y trempe ses flèches...
Toi qui languis, ou qui sèches,
A la grâce ouvre ton cœur.

# FABLE II.

### JUGEMENT PORTÉ PAR LES OISEAUX.

A quelques élèves qui persiflaient leurs condisciples sur leur voix.

Un jour, au bord d'un frais ruisseau,
Quelques Oiseaux du voisinage
Étaient réunis sous l'ombrage
D'un orme au feuillage nouveau.
Chacun, rivalisant de zèle,
Le bec ouvert, d'un air joyeux,
Y répétait à qui mieux mieux
Son assommante ritournelle ;
Car ces oiseaux n'étaient pas ceux
Dont la musique est la plus belle.

Un Paon un peu raide braillait,
Un gros Dindonneau glougloussait.
Tout près de l'Aigle qui trompette,
Du doux Tourtereau qui gémit,
Et de l'Épervier qui glapit,
Huait une triste Chouette.
L'Oison sifflait, un gros Canard
Répétait son cri nazillard ;
Mais, dans un coin, sous le feuillage,
Entre les réseaux d'un buisson,
D'un accent quelque peu sauvage,
Un Merle sifflait sa chanson.
Le Pâtre écoutait. A merveille,
Dit-il, beaux chantres ! quant à moi,
Le Merle, si j'ai bonne oreille,
De vos concerts sera le roi.
Lors des Rossignols qui passèrent
Tout aussitôt se récrièrent
Contre un semblable jugement.
Mais le Pâtre leur dit : Souvent,
A côté de l'insuffisance,
Messieurs, le plus faible talent

Paraît une rare science.
Vous le pouvez, vous, faites mieux,
Et vous serez rois de ces lieux. —

## FABLE III.

#### LE VIGNERON, LA VIGNE ET LE PASSANT.

A des élèves égarés par leurs passions.

L'orage avait grondé, le torrent en furie
  Du haut des monts s'était précipité,
  Et, sur ses bords, une Vigne flétrie
Attestait leur ravage en pleurant sa beauté.
   La fange couvrait son feuillage,
   Ses branches pendaient en lambeaux,
   Et l'œil, sous ses tristes rameaux,
N'apercevait plus rien, que le deuil et l'outrage.
   Le Vigneron, traversant le chemin,
   S'approche et voit tout ce dommage.
  Il en soupire, et puis, étend la main,
    Saisit la tige languissante,

Et la rattache à l'échalas noueux.

— Que faites-vous? Cette Vigne mourante
 N'est plus propre aux raisins vineux,
Dit un Passant. Vous perdez votre peine,
 Il vaut mieux l'arracher. — Non, non!
 Reprit soudain le Vigneron,
Ma Vigne est jeune, elle est de sève pleine.
 Je vais la tailler, la fumer,
 Et, dès l'an prochain, à l'automne,
 Ses grappes viendront parfumer,
 Et remplir ma hotte et ma tonne. —


Ah! si par fois les orages du cœur,
Loin de la voie, emportent la jeunesse,
 Elle est l'âge de la vigueur,
Espérez d'elle; un moment de faiblesse,
 Et la séduction d'un jour
 Ne la perdent pas sans retour.

## FABLE IV.

### LE ROUGE-GORGE, LE FERMIER ET LE PERROQUET.

*Le vrai mérite.*

Un Rouge-gorge, on sait que c'est son ordinaire,
Pour échapper aux maux de la rude saison,
    S'était fixé dans la maison,
    Ou mieux, dans la pauvre chaumière
    D'un cultivateur chargé d'ans,
        Et d'enfants,
    Et la famille hospitalière
    S'empressait, malgré sa misère,
De pourvoir aux besoins de notre oiseau joyeux.
    Chacun le traitait de son mieux,
    Et, comme il n'a point l'âme fière,
    Ni le cœur trop capricieux,

Ami de la famille entière,
Il ne manquait jamais de rien.
Il gazouillait dès le matin,
Recevait baisers et caresses,
De la part des enfants, et venait, dans leur main,
Avec cent bonds, cent gentillesses,
Prendre une miette de leur pain.
Et point de chaîne, ni de cage;
Rien ne gênait sa liberté.
Un Perroquet du voisinage
Devint jaloux de sa félicité,
Et, furieux, d'un accent irrité,
Il lui cria dans son ramage :
— Tu n'es point laid ; mais ton plumage
Égala-t-il jamais le mien ?
Et, s'il faut parler du langage,
Le mien l'emporte sur le tien.
Tu ne sais que ta chansonnette,
Et moi je cause avec les rois ;
Je vis dans leurs châteaux. Sans cette maisonnette,
Ah ! toi, de faim tu mourrais dans les bois !
On a pitié de ta faiblesse,

Et le pauvre seul te caresse. —
Tais-toi, bavard, s'écria le Fermier,
  Ce n'est pas le lieu qu'on habite
  Qui relève le vrai mérite.
Dans ce palais, tu restes prisonnier.
  Tu parais bon ; mais tu me blesses,
  Si je te porte mes caresses ;
  Tu me rends le mal pour le bien.
  Tu bavardes ; mais en vaurien :
  C'est pour me prodiguer l'injure.
Ce Rouge-gorge à la voix douce et pure,
  Par sa gentillesse et ses chants,
  Fait le bonheur de mes enfants.
Monsieur le Perroquet, le sceau du vrai mérite
  S'imprime dans notre conduite. —

## FABLE V.

L'AIGLE ET LE PETIT PAON.

Exhortation à un jeune homme.

Un œuf de paon, la chose est peu croyable,
Au fond d'une aire se trouva.
L'oiseau de Jupiter par hasard le couva ;
Car justement, par un sort misérable,
On était venu ravager
Le palais de l'oiseau qui porta Ganymède.
Tout avait péri sans remède.
Mais l'aspect de l'œuf étranger
Vint consoler la pauvre mère.
Elle dit : — Tout n'est pas perdu.

Réchauffons-le, tout me sera rendu. —
Et bientôt le petit parut à la lumière.

    Il grandissait fort lentement ;
    Il restait mignon, son plumage
    Prenait seul de l'accroissement.
    Il ne montrait point de courage,
    Et l'Aigle en avait du tourment.
Mais, lorsque vint le temps de quitter l'aire,
    Tantôt douce et tantôt colère,
Elle avait beau le pousser, l'appeler,
    Il ne pouvait si haut voler,
    Et ne poussait qu'un cri sauvage.
Au bord de l'aire, on le voyait trembler ;
    Il n'était bon qu'à dérouler
    Le vain éclat de son plumage.
Lors l'Aigle dit : — Qui donc ai-je nourri ?
    Je ne reconnais pas ce cri.
L'aiglon jamais n'a fait cette grimace,
    Et ne s'est montré si peureux.
    Fier, il s'élance dans l'espace,
    Fier, il peut contempler en face
    L'astre qui règne dans les cieux.

Celui-ci n'est pas de ma race. —
Sur l'heure elle oublia notre oiseau vaniteux.

Toi qui reçois ce badinage,
N'imite pas ce petit fanfaron
Qui ne savait qu'étaler son plumage;
Mais sois toujours le jeune aiglon
Qui brille par un vrai courage.

## FABLE VI.

### LE BERGER, SON TROUPEAU ET LA FÉE.

La docilité fait le bonheur des maîtres et celui des élèves.

AUX ÉLÈVES DE L'ÉCOLE NORMALE.

Aux bords frais que l'Yonne arrose de ses eaux,
Un Berger conduisait le plus beau des troupeaux.
Le guider à travers la plus verte prairie,
  L'abreuver aux plus purs ruisseaux,
  C'était son bonheur et sa vie.
Il ne pensait qu'à ses tendres agneaux.
  Mais quel mortel n'a pas sa peine?
  De son Troupeau naissait la sienne.
Quelques boucs se mêlaient à ses agneaux joyeux,
Et leur face barbue effarouchait ses yeux.

Il n'aurait pas voulu les vendre ;
Mais il désirait que le sort
Leur eût fait ce minois si tendre,
Et l'innocence de ce port,
Et la toison de blanche laine
Par quoi ses agnelets prenaient si bien son cœur.
Une Fée habitait la plaine.
Elle était généreuse et pleine de douceur,
Surtout grande était sa puissance.
En elle, un jour, mettant tout son espoir,
Notre Berger s'en fut la voir,
Et lui conta sa déplaisance.
— Si c'est là votre mal, lui dit Docilité,
(C'était là le beau nom de cette aimable dame),
Je puis sur le champ, dans votre âme,
Ramener la tranquillité. —
Aussitôt, prenant sa baguette,
Des boucs de ce gentil troupeau
Bien doucement elle touche la tête,
Et soudain chaque bouc devient un tendre agneau.

Ah ! vous le comprenez sans peine,

Disciples remplis de candeur,
Vous êtes le Troupeau que je porte en mon cœur,
Et Docilité, c'est la reine
Qui fera toujours le bonheur
Et des agneaux, et du pasteur. —

# FABLE VII.

## L'ENCLUME.

*A un jeune homme qui restait ferme au milieu de l'épreuve.*

Un forgeron, du matin jusqu'au soir,
  A coups égaux, sur son Enclume
 Frappait, frappait, il fallait voir.
Le fer, sous son marteau, pliait comme la plume,
  Et l'Enclume ne bougeait pas.
  Lasse sans doute du fracas,
Qui lui rompait la tête et lui fatiguait l'âme,
  — Doucement! lui cria sa femme,
L'Enclume finira par voler en éclats. —

L'Enclume répondit : — Madame,
Soyez en paix, je ne m'en ressens pas. —

C'est ici le portrait du sage.
Rien n'atteint sa vertu; c'est en vain qu'on l'outrage.

## FABLE VIII.

#### LE LABOUREUR ET LE RENARD.

Contre la colère.

Un Laboureur voyait avec dépit
    Qu'un Renard ravageait sa vigne.
Le mal continuant, un beau jour, il s'indigne,
Et jure de punir ce coupable délit.
Un piége fut dressé. Notre bête s'y prit ;
    Mais notre homme, plein de colère,
    Dans sa vengeance, crut bien faire
De frapper le brigand d'un châtiment nouveau.
    Il place à sa queue un flambeau.
    L'animal, saisi d'épouvante,
En mille bonds, court à travers les champs.
    Sur sa trace, en quelques instants,

La flamme s'allume et serpente.
Notre homme en vain crie au secours,
A tous les saints il a recours;
Il s'évertue, il se lamente.
Stérile effort! les blés dorés,
Ses blés, sa plus belle espérance,
Par le fléau qu'alluma sa vengeance,
Devant ses yeux, sont dévorés.


Babrius nous l'a dit : La colère est un crime,
Et souvent sa triste fureur,
Pour première victime,
Sous ses plus rudes coups, fait tomber son auteur.

## FABLE IX.

#### L'HIRONDELLE ET LE ROSSIGNOL.

La retraite est avantageuse au mérite.

A MON NEVEU ADOLPHE DURU.

Dans un riant bosquet, au bord d'une eau tranquille,
Qui roulait sans effort ses trésors argentés,
    Et loin, bien loin du vain bruit des cités,
    Un Rossignol avait pris pour asile
        Les rameaux d'un léger buisson.
    Là, sans rival, pour plaire à sa compagne,
        Aux doux échos de la montagne
Il répétait sa plaintive chanson.
        En ces lieux vint une Hirondelle.
        — Eh quoi, mon frère, lui dit-elle,
Le Ciel vous donna-t-il une si belle voix,

Pour la perdre dans le silence,
Et dans le triste oubli des bois?
Venez dans nos cités, je vous le dis d'avance,
Vous serez fêté ; vos accords
Exciteront mille transports.
— Oh! nenni, ma sœur. A la ville,
Je rencontrerais des jaloux,
Je perdrais les biens les plus doux,
Et ma demeure si tranquille.
J'entendrais les cris des méchants,
Ma liberté serait captive ;
Ma voix languissante et plaintive
N'aurait plus ses accords touchants.
Je languirais dans la mollesse,
Ou je périrais de tristesse,
Et je vis heureux dans les champs. —

Ce Rossignol parlait en sage.
La retraite est bonne au talent
Qui souvent pleure, ou fait naufrage,
Au sein d'un monde turbulent.

## FABLE X.

### LA ROSE ET LE PAPILLON.

L'inconstance de l'homme.

Dans l'angle éloigné d'un jardin,
 Un jour une Rose vermeille
 Amèrement se plaignait du destin.
— Eh quoi donc, à mes sœurs ne suis-je point pareille?
  Disait-elle dans sa douleur.
  J'ai leur parfum, j'ai leur fraîcheur,
  Et, depuis que je suis fleurie,
 Nul n'est venu respirer mon odeur,
  Nul n'a dit que je suis jolie! —
  Un Papillon vint à passer.
  — Ah! reprit-il, reine des Roses,
De tes gémissements, je ne sais que penser.

Là-bas, tes sœurs, à peine sont écloses,
    Que le soleil et les flatteurs,
    Par leurs imprudentes ardeurs,
    Accourent flétrir tous leurs charmes,
    Et, toi qui brilles sans danger,
    Tu te plains, tu verses des larmes !
    Ne viendrait-on pas t'outrager,
    Si tu vivais moins solitaire ?
    Console-toi ; crois-mois, ma chère,
    L'obscurité te fait honneur.
Plus exposée, hélas ! tu perdrais ta fraîcheur. —

Il avait bien raison. Mais voilà notre vie :
    Souvent l'éclat nous serait un malheur,
        Et l'obscurité nous ennuie.

## FABLE XI.

### LA COLOMBE ET LA TAPISSERIE.

**Ne point juger sur l'apparence.**

Un jour, dans un vaste salon,
 Une craintive Colombelle
S'introduisit. Par où, comment s'y trouva-t-elle ?
Cela n'importe pas ; mais le plus frais vallon
 S'y déroulait sur la tapisserie
  Qui de la pièce ornait les murs.
  Arbres touffus, verte prairie,
  Fraîcheur, silence et ruisseaux purs,
Tout semblait là promettre au volatile
  La demeure la plus tranquille.
  Mais, en voulant y pénétrer,
  La pauvrette va rencontrer,

Au lieu d'un frais rivage,
Et d'un léger feuillage,
Le plus rude des murs ;
Et la voilà, désolée et sanglante,
Qui retombe presque mourante
Sur les marbres les plus durs.


Vous qui jugez sur l'apparence,
Prenez pour vous cette leçon,
Ou craignez que votre imprudence
Ne soit punie, un jour, de la même façon.

# FABLE XII.

## LA TAUPE ET LE HÉRISSON.

La garde du cœur contre le vice.

A MON NEVEU PAUL QUESVERS.

Déjà le vent du nord soufflait,
Déjà partout s'attristait la nature.
Un Hérisson, redoutant la froidure,
S'en vint au bord du trou qu'une Taupe habitait.
— Oh! ma sœur, lui dit-il, vous êtes bien heureuse
D'avoir un commode séjour,
Contre la saison rigoureuse !
Si vous vouliez, jusqu'au retour
D'un temps un peu moins difficile,
J'habiterais dans votre asile.

Vous en auriez plus de bonheur.
Vous vivez seule et triste : oh! croyez-moi, la vie
S'embellit par la compagnie. —
Ne consultant que son bon cœur,
La Taupe écouta sa prière.
Ce ne fut que pour son malheur.
Dès qu'il fut dans sa taupinière,
Il lui fit de ses dards éprouver la rigueur.
— Ah! mon frère, ah! disait-elle, à toute heure,
Vous ne me traitez pas en sœur.
Quoi, vous m'assassinez! Ayez plus de douceur,
Ou bien ordonnez que je meure,
Ou bien quittez cette demeure.
— Eh mais, répliqua-t-il, moi, je m'y trouve bien ;
Vous, si vous n'êtes pas contente,
Ma mie, allez ailleurs, dressez-y votre tente.
Quant à moi, je ne vous dois rien. —


Mon ami Paul, il est facile
A la moindre sagacité
De pénétrer l'enseignement utile
Dont ma fable en ces vers cache la vérité.

La Taupe est la vertu, le Hérisson le vice,
>   Et la taupinière ton cœur.
>   Ah! comprends comment ton bonheur
> Peut se changer en un cruel supplice!

## FABLE XIII.

#### LA GRUE ET LE PAON.

Soyons modestes, parce que nous sommes imparfaits.

Un jour, la Grue et l'Oiseau de Junon,
Pour je ne sais trop quoi, se prirent de querelle.
Après quelques propos, le Paon, dans son jargon,
Lui dit : — Mais c'est en vain que tu ferais la belle.
      Peux-tu te comparer à moi?
Viens donc, avec ton plumage de boue,
Briller à mes côtés, lorsque je fais la roue?
      Il n'est ni monarque, ni roi,
      Qui m'égale en magnificence.
      J'ai la grandeur et l'élégance,
      La noblesse et la majesté;
Mon port est imposant, je marche avec fierté.

As-tu vu briller sur ma tête
Les diamants de mon aigrette?
Mon beau plumage a toutes les couleurs
De l'arc-en-ciel et des plus nobles fleurs.
— Tout beau, dit l'Oiseau de passage,
Avec ton éclat merveilleux,
Tu restes sur la terre, et, grâce à ce plumage,
Qui paraît si vil à tes yeux,
Je vole, moi, jusqu'au plus haut des cieux. —


En dépit de notre génie,
De nos vertus, de nos talents,
Gardons toujours la modestie;
Car, malgré les dons éclatants
Dont le Ciel nous a fait la touchante largesse,
Perce par quelqu'endroit notre humaine faiblesse.

## FABLE XIV.

### LES HIRONDELLES.

Il faut aimer l'Ecole.

AUX ÉLÈVES DE L'ÉCOLE NORMALE DE L'YONNE.

Dans la printanière saison,
Sous un hangar, dans la maison
D'un pauvre habitant de village,
Des Hirondelles, tous les ans,
Venaient reprendre leur ménage.
On voyait là pères, mères, enfants.
Les générations nouvelles,
Comme les anciennes, fidèles,
A qui mieux mieux, y construisaient leurs nids
Pondaient, couvaient, élevaient leurs petits.

Elles charmaient tout le village,
Par leurs ébats, par leurs gazouillements,
Et par leurs soins pour leurs enfants.
Mais aussi là, point de ravage,
On n'abattait point leur ouvrage,
Et, sous cet abri protecteur,
Leur innocente république
Trouvait la paix et le bonheur.
On les aimait, et l'on avait à cœur,
Que rien ne leur manquât, dans ce palais rustique.


Devinez-vous, mes bons amis?
N'êtes vous pas ces Hirondelles
Dont je vois s'augmenter les nids?
Qui toujours nous seront fidèles,
Et comprendront que leur bonheur
Est le vœu le plus doux que forme notre cœur?
Le simple manoir est l'Ecole,
Et, si de temps en temps, quelqu'un de vous s'envole,
Pour accomplir avec amour
La tâche sainte où Dieu l'appelle,
Ne doit-il pas, joyeux, et plein de zèle,

Revoir avec plaisir ce paisible séjour?
 Revenez-y, mes chères Hirondelles;
  Avec des caresses nouvelles,
  Nous saluerons votre retour.

# FABLE XV.

### LE CYGNE, LE CORBEAU ET LA PERDRIX.

L'épreuve embellit la vertu.

A M. GIRARD DE CAILLEUX, DIRECTEUR DE L'ASILE DES ALIÉNÉS D'AUXERRE.

Dans un lac entouré d'une verte ceinture,
Où le ciel se mirait dans l'onde la plus pure,
Paisible roi du liquide élément,
Un Cygne gracieux majestueusement,
Sur la surface mobile,
Glissait d'une course facile.
Tous admiraient sa beauté, sa douceur,
Son éblouissante blancheur.
Un Corbeau qui faisait voyage
Sur ce bord, le vit. Plein de rage,

Et tout honteux de sa sombre couleur,
Il voulut sur ce personnage
Exercer sa triste fureur,
Et se venger sur lui de sa propre laideur.
Il descend dans le marécage,
Remplit son bec d'un gras limon,
Reprend son vol, jure dans son jargon,
Choisit son temps, et, faisant la grimace,
Dégorge sur l'oiseau cette honteuse crasse.
Puis, plus injuste qu'un démon,
Il l'outrage sans mesure.
Mais le Cygne fait un plongeon,
Et, méprisant la sotte injure,
Reparaît plus blanc sur l'eau pure.
Une Perdrix, d'un champ voisin,
Avait vu toute cette affaire.
— En vérité, tu n'es pas fin,
Ou si tu l'es, tu ne l'es guère,
Alla-t-elle dire au Corbeau.
Faire le mal, ce n'est pas beau,
Et ce n'est pas ta pire affaire.
Pour salir ainsi son prochain,

D'abord on se salit soi-même,

Et, pour lui, qu'en est-il? Rien.

Je dis mal, pour lui c'est un bien;

L'épreuve à la vertu donne un éclat suprême. —

## FABLE XVI.

### LE POMMIER.

*Faire le bien sans égoïsme.*

Sur le bord d'une route, et tout près d'un village,
  Couvert de fruits et de feuillage,
S'élevait un Pommier aussi vieux que le temps.
  Il était fier : Pomone et le Printemps
  En avaient fait le roi du voisinage.
   Jamais, même en ses plus beaux ans,
Il n'avait obtenu d'aussi riches présents.
Hommes, femmes, enfants, venaient sous son ombrage,
   Accourant des champs d'alentour,
   Pour obtenir, sous sa verdure,
Un rafraichissement aux feux brûlants du jour,

Et puis, bénissant la Nature,

Ils se régalaient de ses fruits.

Ils en célébraient l'abondance,

Ils en vantaient le coloris ;

Car leur saveur passait toute espérance.

Avec orgueil, l'arbre imprudent

Se remplissait de leurs louanges.

Mais voici le temps des vendanges,

Et filles, et garçons, de plus d'un coup de dent,

Caressent les pommes sucrées.

Puis la récolte, et puis plus rien.

L'hiver vient, le Pommier a perdu tout son bien ;

Tout, jusqu'à ses feuilles lustrées.

Il reste dépouillé, sur le bord du chemin,

Et la foule aussi l'abandonne,

Et de tous ses amis il ne vit plus personne.

— Hélas ! s'écria-t-il, ils cherchaient mes faveurs,

Et non pas moi, puisque, dans mes malheurs,

Il n'en est plus qui me visite !

On court après le riche et le pauvre on l'évite. —


Ah ! vous mes fils, faites toujours le bien

Pour le Dieu qui rend seul justice au vrai mérite.
　　　Mais des hommes n'attendez rien ;
Car, dans le bien qu'on fait, se rechercher soi-même,
　　　Mes enfants, c'est un tort extrême.
　Oui, l'égoïsme est un mal souverain.

# FABLE XVII.

### LE DINDON.

#### Contre les orgueilleux.

Les gens dépourvus de mérite
Sont souvent les plus orgueilleux.
Nous en avons constamment sous les yeux
L'exemple qu'ici je vous cite.

Au milieu d'une basse-cour,
A tout venant, un jour,
Un gros Dindon faisait la roue.
Il croyait s'attirer l'amour;
Mais un passant lui fit la moue,
Surtout quand à ce geste il maria sa voix.
— Tu n'obtiens pas ce que tu crois,

Lui dit-il brusquement, beau sire,
Et je ne puis, quand je te vois,
M'empêcher de sourire
De pitié. J'ai honte de toi.
Pour ton honneur, ma foi,
Et surtout pour ne pas déplaire,
Tiens-toi tranquille, et commence à te taire.

# EPILOGUE.

Écrire est un art difficile,
Reprendre est un soin dangereux,
Et, lorsqu'on y fait de son mieux,
Souvent on s'attire la bile
D'un Aristarque, ou d'un Zoïle,
Ou d'un cœur ennemi du bien.
Cela retiendra-t-il soudain
La plume, ou le zèle du sage
Qui ne cherche dans son ouvrage
Qu'à se rendre utile au prochain?
Le moraliste et l'écrivain,
En dépit des clameurs du vice,

## ÉPILOGUE.

Doivent poursuivre leur chemin.
— Ils le paieront ! — Ce sacrifice
Est toujours la condition
De la réforme qu'ils espèrent.
Pour que la plaine et le vallon
Heureusement se désaltèrent,
Et nous préparent la moisson,
Avec les sueurs du colon,
Il faut la chaleur étouffante
Et la tempête frémissante.

Mais à quoi bon tous ces propos ?
C'est pour des enfants bien dociles
Que j'ai, dans ces vers trop faciles,
Fait bavarder les animaux,
Les fleurs et toute la nature.
Notre morale est douce et pure,
Et, parmi mes tendres enfants,
Je ne connais pas de méchants.
Ils aiment la voix de leur père,
Ils en réclament les accents.
Qu'elle soit facile ou sévère,

## ÉPILOGUE.

Que je m'exprime bien ou mal,
Tout cela leur est presque égal,
Et cette voix leur reste chère,
Et mes vers leur sont précieux,
Parce qu'ils sont écrits pour eux.

Ces vers sont l'unique largesse
Que mon cœur puisse vous offrir :
Gardez-les comme un souvenir
Des beaux jours de votre jeunesse,
Lisez-les; lisez-les sans cesse,
Méditez-les pieusement,
Disciples chers à ma tendresse ;
Qu'ils soient pour vous mon testament !

FIN DU LIVRE QUATRIÈME.

# NOTES.

*Fables nouvelles, etc.*

Une fable est nouvelle, ou par le fonds, ou seulement par la forme. Un grand nombre des nôtres sont de notre invention : dans l'occasion nous indiquerons celles que nous avons imitées des auteurs anciens, ou des modernes.

*Leçons d'un maître.*

La plus grande partie des pièces de notre recueil a été composée pour nos disciples. Toutefois, quelques-unes de nos fables s'adressent à d'autres personnes ; mais notre titre nous a paru suffisamment justifié, malgré ces rares exceptions.

*Page* ix.

Guéchot, etc.

Plusieurs instituteurs sont morts depuis la lettre qui sollicitait l'impression des *Fables;* nous n'avons pas cru devoir en retrancher leurs noms. C'est sur son lit de douleur, et alors qu'on désespérait déjà tout à fait de sa vie, que M. Guéchot a écrit sa lettre à M. Prot. Ce jeune instituteur avait remplacé à Perrigny, près Auxerre, M. Piault, qui venait lui-même de succomber au choléra, victime de son zèle généreux. Cette double perte a laissé à Perrigny des regrets biens légitimes.

### Page xx. v. 1.

— En vers ? — Ce n'est pas là l'affaire.

Nous croyons qu'une fable en vers est toujours plus agréable qu'une fable en prose.

### Id. v. 24.

Les légers nourrissons du Pinde.

Généralement les poètes sont moins graves que les autres écrivains. On les appelle nourrissons du Pinde, parce que cette montagne de la Grèce, très-célèbre chez les poètes, était consacrée à Apollon et aux Muses de qui, dans la Mythologie, venaient l'inspiration et le feu poétiques.

### Page xxi, v. 1.

Ou des sages qu'a produits l'Inde.

L'ouvrage intitulé *Calilah* et *Dimnah* est célèbre depuis longtemps dans l'Orient, et aujourd'hui partout. Il a été composé dans l'Inde : c'est, pour le fonds, la même chose que les fables attribuées à Pilpay ou Bidpay.

### Page xxi, v. 4.

Jusque dans le livre où Dieu même.

La Bible renferme plusieurs beaux apologues. Voyez au livre

des Juges, chap. ix, v. 7, l'apologue des Arbres qui veulent élire un Roi, et, au livre ii des Rois, chap. xii. v. 1, celui du Riche et de la Brebis du pauvre.

*Ib. v.* 18.

Et le style de Fénélon.

Tout le monde a lu les fables de l'archevêque de Cambrai.

*Page* xxiii, *v.* 1.

Surtout avec ton caractère.

Nous avons rencontré des hommes graves qui s'étonnaient qu'un ecclésiastique fît des vers. Ils oubliaient sans doute que S. Grégoire-le-Théologien en a composé trente mille, et qu'il est loin d'être le seul, même parmi les Pères de l'Eglise, qui ait manié la lyre. Ils oubliaient encore plus que, dans la Bible, Job, le Cantique des Cantiques, les Psaumes, les Prophètes, etc, sont écrits en vers. De ce que certains esprits futiles ont abusé de la poésie, il n'en faut pas moins convenir qu'elle est le langage le plus élevé; un langage divin, a-t-on dit.

*Page* xxvi, *v.* 19

Des dessinateurs, des *Notaires*.

Chez les Romains, on appelait *Notaire*, l'esclave qui était chargé de prendre des notes pour son maître. Ce soin fut plus tard une charge que remplissaient, non-seulement des hommes libres; mais des patriciens. Ce terme n'est plus employé dans ce sens parmi nous. Si nous en avons fait usage, c'est qu'il rend exactement ce que nous voulions dire et ce qui se passe quelquefois à l'Ecole, à notre égard.

## LIVRE I.

#### FABLE I.

*Page 3, v. 1.*

Chez un orfèvre un jour certain Manant.

Le sens du mot *manant* a varié. Ce terme a d'abord signifié *demeurant, manens*; les manants de telle ou telle ville; « Les manants d'Angoulême, » dit Pasquier. Plus tard, il a désigné un habitant de la campagne:

> Il arriva qu'au temps où la chanvre se sème,
> Elle vit un *manant* en couvrir les sillons.
> **La Font. Liv. I, fable VIII.**

Et puis, comme les gens de la campagne sont quelquefois grossiers et mal appris, ce terme a servi à indiquer un homme impertinent, un rustre: « Un *manant* à pieds nus, » a dit Boursault, dans ses fables. Mais, par la bonne éducation, la politesse régnant bientôt dans les villages, ce terme ne sera plus en usage que comme un mot d'injure.

*Page 4, v. 13.*

Rien ne vaut un bon maître.

Alexandre-le-Grand disait: qu'il devait autant à Aristote qu'à Philippe, puisqu'il était redevable à l'un de vivre, et à l'autre de bien vivre. Beaucoup de parents aujourd'hui ne comprennent pas les choses ainsi, et ils n'écriraient pas, comme Philippe à Aristote, au sujet du même Alexandre: « Je vous annonce qu'il m'est né un fils; mais je ne remercie pas tant les dieux de me l'avoir donné, que de l'avoir fait naître pendant que vous vivez, parce que j'espère, qu'élevé par vous, il sera digne de sa naissance et de mon empire. »

**FABLE IV.**

*Page* 11, *v.* 1.

Un Pélican vivait rêveur et solitaire.

Le Pélican paraît se plaire dans la solitude; ce qui a fait dire au Psalmiste : « Similis factus sum Pellicano solitudinis. » Ps. CI. 7.

*Vers* 4.

Eût été le feu le plus beau.

Allusion à sa tendresse pour ses petits. On l'exagère beaucoup, il est vrai : mais nous pouvions bien parler ainsi après l'illustre écrivain qui a dit :

> Pie Pellicane, Jesu, domine,
> Me immundum munda tuo sanguine.

Lessing a fait une fable sur le Pélican; en voici la traduction :

« Les pères ne sauraient rien faire de trop pour des enfants bien nés ; mais qu'un père imbécile se tire le sang du cœur pour un fils indigne, cet excès d'amour dégénère en folie. »

« Le pieux Pélican voyant ses petits dans le besoin, déchira sa poitrine avec son bec, et les abreuva de son sang.—J'admire ta tendresse, lui cria un aigle, et je plains ton aveuglement. Vois combien de coucous tu as fait éclore avec tes petits ! — La chose était vraie : le froid coucou avait mêlé ses œufs avec ceux du Pélican. Ces oiseaux ingrats méritaient-ils que leur vie fût achetée à un tel prix ? — *Fables de Lessing, traduction d'Antelmy*, p. 29. *Liv. I.* Voir aussi *Elien, liv. II, chap. XI.*

### FABLE V.

#### Page 13.

L'ictérique est un homme qui a l'ictère, ou jaunisse. C'est une maladie résultant de causes qui empêchent la secrétion de la bile, et qui donne la couleur jaune à la peau. Elle fait aussi que le sens de la vue est perverti lui-même quelquefois, de sorte que les objets qui le frappent prennent la même couleur aux yeux du malade.

#### Ib., v. 7.

C'est toujours et partout la couleur de l'automne.

Allusion aux feuilles des arbres qui jaunissent dans cette saison, et à la campagne qui devient comme jaune de verte qu'elle était.

Ce n'est que beaucoup d'années après la composition de cette fable que nous avons remarqué celle de Desbillons sur l'Ictérique; mais nous devions la connaître.

> Quodcumque sive ars, sive natura exhibet
> In orbe præstans eximiis coloribus,
> Ictericus omne id respuebat intuens;
> Et indignatus conquerebatur, nihil
> Occurrere usquam sibi, quod flavum non foret.
> Sed aliquis istam non ferens calumniam :
> Cognosce teipsum, dixit, atque sedulo
> Provise, morbum, quo laboras, si queat,
> Suis medicina remediis expellere.
> Videre sano res, uti sunt, fas erit.
> *Lib. IX. fab. XIX.*

### FABLE VI.

#### Page 16, v. 5.

Ce mot d'un prêtre d'Epidaure.

Epidaure était une ville du Péloponèse où Esculape, le dieu de la médecine, chez les païens, avait un temple célèbre que l'on voyait toujours rempli d'esclaves qui venaient y chercher la guérison.

#### Page 17, v. 2.

Mais, un beau jour, aux lugubres états.

A l'enfer ; à la nuit du tombeau.

#### Ib., v. 3.

La Dame au nez camard.

Personne n'ignore que c'est la mort que l'on désigne ainsi. Le nez n'étant pas osseux, dans sa partie inférieure, les têtes de squelettes n'offrent à l'œil qu'un rudiment de cet organe, et on appelle camard les nez courts et retroussés.

Cette fable s'adressait au compétiteur du Lucas de la fable précédente qui, malgré ses petits défauts, n'en était pas moins lui-même un sujet remarquable. Quant au sujet désigné par le nom de Lucas, c'est aujourd'hui un ecclésiastique dont toute la ville d'Auxerre connaît et admire le zèle à l'égard des militaires et des jeunes ouvriers. Il était alors notre élève au Petit-Séminaire, et plusieurs des fables de cette époque s'adressaient à lui.

### FABLE VII.

*Page* 19, *v.* 17.

Tu siffles dans l'obscurité.

Le serpent se cache ordinairement sous les herbes, et un de nos poètes a dit :

Pour qui sont ces serpents qui sifflent sur vos têtes !

*Ib.*, *v.* 20.

Et le poison que ta langue me lance.

Les serpents mordent et introduisent le venin dans la plaie qu'ils ont faite. Les vipères ont des dents fort aiguës et des crochets à venin mobiles sur le devant de la mâchoire supérieure ; mais on dit vulgairement : une langue de serpent, une langue de vipère.

### FABLE VIII.

*Page* 21, *v.* 7.

Au sein d'une Rose vermeille, etc.

L'auteur ne se donne pas pour l'inventeur de cette fable où l'on aperçoit une réminiscence de l'ode XLI d'Anacréon, ou de la jolie et gracieuse traduction qu'en a faite Sanadon

> Dum per vireta Cypri
> Rosas legit Cupido,
> Latens Apis tenellas
> Pupugit manus puelli.
> Ille ejulans, parentem
> Celeri petit volatu, etc.

### FABLE IX.

#### Page 23, v. 1.

L'oiseau cher à Junon, etc.

Dans la Mythologie, Jupiter est le père des Dieux, et Junon est sa femme. Il y avait des animaux et même des arbres consacrés à chacune des divinités de l'Olympe : l'aigle à Jupiter, le paon à Junon, le hibou à Minerve.

#### Ib., v. 3.

Se contemplant plein d'orgueil et d'amour.

« Si l'empire appartenait à la beauté et non à la force, le Paon seroit, sans contredit, le roi des animaux : il n'en est point sur qui la nature ait versé ses trésors avec plus de profusion : la taille grande, le port imposant, la démarche fière, la figure noble, les proportions du corps élégantes et sveltes, tout ce qui peut annoncer un être de distinction lui a été donné.... On prétend qu'il est sensible à l'admiration ; que le vrai moyen de l'engager à étaler ses belles plumes, c'est de lui donner des regards d'attention et des louanges. »

*Buffon. Oiseaux.*

#### Page 24, v. 10.

Si faible, si pauvre, si laid.

« Il s'en faut bien que le plumage de cet oiseau réponde à son ramage. Il a le dessus du corps d'un brun plus ou moins roux, la gorge, la poitrine et le ventre d'un gris blanc, le devant du cou d'un gris plus foncé, etc. *Buffon. Ib.*

### Ib., v. 11.

*Un bout de mon aigrette, un brin de mon plumage, etc.*

« Une aigrette mobile et légère, peinte des plus riches couleurs, orne sa tête, et l'élève sans la charger ; son incomparable plumage semble réunir tout ce qui flatte nos yeux, dans le coloris tendre et frais des plus belles fleurs, tout ce qui les éblouit dans les reflets pétillants des pierreries, tout ce qui les étonne dans l'éclat majestueux de l'arc-en-ciel. »   *Buffon. Ib.*

### Page 25, v. 7.

*Lorsque mon jeune ami chante au fond du bocage.*

« On pourrait citer quelques autres oiseaux chanteurs dont la voix le dispute à certains égards à celle du rossignol..... mais il n'en est pas un seul que le rossignol n'efface par la réunion complète de ces talents divers, et par la prodigieuse variété de son ramage..... il réussit dans tous les genres ; il rend toutes les expressions, il saisit tous les caractères et de plus il en augmente l'effet par les contrastes... il s'anime par degrés, il s'échauffe et bientôt il déploie dans leur plénitude toutes les ressources de son incomparable organe : coups de gosier éclatants, batteries vives et légères ; fusées de chant où la netteté est égale à la volubilité, murmure intérieur et sourd qui n'est point appréciable à l'oreille, mais très-propre à augmenter l'éclat des tons appréciables ; roulades précipitées, brillantes et rapides, articulées avec force et même avec dureté de bon goût ; accents plaintifs cadencés avec mollesse ; sons filés sans art, mais enflés avec âme ; sons enchanteurs et pénétrants, vrais soupirs d'amour et de volupté qui semblent sortir du cœur et font palpiter les cœurs... » *Buffon. Oiseaux, IX, 120-121, édit. in-12 de l'Impr. Roy.*

Desbillons, Livre I. Fable VIII, a une fable où paraissent les mêmes personnages; mais le sujet diffère et n'a guère de ressemblance que dans le rôle de la Colombe, qui est celui de la générosité.

### FABLE X.

*Page* 27, *v.* 1.

Près du palais d'un Écureuil.

On met l'Ecureuil en cage ordinairement; mais la demeure qu'il se construit lui-même mériterait peut-être mieux le nom de palais dont nous la décorons ici. « Ce domicile est propre, chaud, et impénétrable à la pluie; c'est ordinairement à l'enfourchure d'un arbre qu'ils l'établissent; ils commencent par transporter des buchettes qu'ils mêlent, qu'ils entrelacent avec de la mousse; il la serrent ensuite, ils la foulent et donnent assez de capacité et de solidité à leur ouvrage, pour y être à l'aise et en sureté avec leurs petits; il n'y a qu'une ouverture vers le haut, juste, étroite, et qui suffit à peine pour passer: au-dessus est une espèce de couvert en cône qui met le tout à l'abri, et fait que la pluie s'écoule par les côtés et ne pénètre pas. »  *Buffon. Quadrup. VII.* 272-273.

*Ib., v.* 8.

Qui sautait, bondissait, trépignait dans sa cage.

« L'Ecureuil est un joli petit animal qui n'est qu'à demi-sauvage, et qui, par sa gentillesse, par sa docilité, par l'innocence même de ses mœurs, mériterait d'être épargné : il n'est ni carnassier, ni nuisible, quoiqu'il saisisse quelquefois des oiseaux ; sa nourriture ordinaire sont des fruits, des amandes, des noisettes, de la faine et du gland ; il est propre, leste, vif, très-alerte, très-éveillé, très-industrieux ; il a les yeux pleins de feu, la physionomie fine... »   *Buffon. Ib.* 269-270

### FABLE XI.

*Page* 31, *v.* 3.

Tous les présents dont Flore embellit les jardins.

La Mythologie semait des divinités partout. Flore était la déesse des fleurs, et Zéphyr était son époux.

### FABLE XIII.

*Page* 37, *v.* 2.

La douleur et le noir remord.

On lit dans le Dictionnaire de Bescherelle : « Les poètes écrivent quelquefois *remord* au singulier :

> Que j'y vienne moi-même avec un air farouche,
> Spectre affreux et sanglant, lui reprocher ma mort,
> Retourner dans son cœur le poignard du remord.
> *B. Lormian.*

*Ib.*, *v.* 3.

Sont dans mon âme criminelle.

La Chouette, ou grande Chevêche, habite les bâtiments en ruine et on ne la trouve pas dans les arbres creux, mais « La

Hulotte qu'on peut appeler aussi la chouette noire, et que les Grecs appelaient *Nycticorax* ou le corbeau de nuit, est la plus grande de toutes les chouettes..... c'est son cri *hòù òù òù òù òù òù*, qui ressemble au hurlement du loup, qui lui a fait donner par les Latins le nom d'*Ulula*, qui vient d'*ululare*, hurler ou crier comme le loup...... La hulotte se tient pendant l'été dans les bois, toujours dans des arbres creux ; quelquefois elle s'approche en hiver de nos habitations, elle chasse et prend les petits oiseaux, et plus encore les mulots et les campagnols ; elle les avale tout entiers.... Lorsque la chasse de la campagne ne lui produit plus rien, elle vient dans les granges pour y chercher des souris et des rats ; elle retourne au bois de grand matin, à l'heure de la rentrée des lièvres, et elle se fourre dans les taillis les plus épais, ou sur les arbres les plus feuillés... » *Buffon. Oiseaux. Tom. II. p.* 161-162.

Toutes ces circonstances justifient pleinement :

Au creux d'un arbre séculaire,<br>
Une Chouette solitaire, etc.

Plusieurs fabulistes se sont peu souciés de donner aux animaux qu'ils mettaient en scène leur véritable naturel ; c'est une faute à notre avis.

FABLES XIV.

*Page* 38, *v.* 1.

Une Marmotte rebondie<br>
S'en allait à pas lents, etc.

« Cet animal, qui se plaît dans la région de la neige et des glaces, qu'on ne trouve que sur les plus hautes montagnes, est cependant sujet plus qu'un autre à s'engourdir par le froid. C'est ordinairement à la fin de septembre ou au commencement d'octobre qu'elle se retire dans sa retraite pour n'en sortir qu'au commencement d'avril..... Le lieu du séjour est non-seulement jonché, mais tapissé fort épais de mousse et de foin ; elles en font ample provision pendant l'été. » *Buffon. Quadrup.* VIII. 11, 12.

### *Ib., v.* 11.

Par le Dieu du sommeil, ma chère.

Ce Dieu, chez les païens, était Morphée, et l'on sait que les anciens juraient par leurs dieux ; *par Jupiter! par Hercule!* On fait jurer la marmotte par Morphée, parce qu'elle reste plusieurs mois comme endormie.

### *Page* 39, *v.* 3.

Car s'il faut croire
Ce qu'un savant écrit dans votre histoire.

Les naturalistes s'accordent à reconnaître aujourd'hui que la Fourmi n'amasse pas en vue de l'hiver ; mais que, dans cette saison, elle demeure dans un tel état d'engourdissement, qu'elle n'a pas besoin de manger. Voir le *Dict. de la conversat.* et les *Esquisses entomol.* de l'abbé Bourrassé, page 185, etc.

### *Ib., v.* 15.

Nous sommes pour lui les échos
De la plus sublime sagesse.

On lit, au livre des Proverbes, chap. VI, vers 6 : « Vade ad formicam, ô piger, considera vias ejus et disce sapientiam !

Va à la fourmi, ô paresseux, examine sa conduite et apprends à être sage. »

### FABLE XV.

*Page 41, v. 9.*

Un Singe, dès ses premiers ans,
Sorti des bois de l'Amérique.

« Toutes les espèces de Singes qui n'ont point de queue, ou qui n'ont qu'une queue très-courte, ne se trouvent donc que dans l'ancien continent; et, parmi les espèces qui ont de longues queues, presque tous les grands se trouvent en Afrique; il y en a peu qui soient même d'une taille médiocre en Amérique; mais les animaux qu'on a désignés par le nom générique de *petits singes à longue queue*, y sont en grand nombre. *Buff. Quad. VIII.* 189-190.

*Page 43, v. 4.*

Enchanté de ce Démosthène
Qui ne lui venait pas d'Athène.

Démosthène, le plus illustre orateur de la Grèce, était Athénien. Il naquit l'an 381 avant Jésus-Christ.

## LIVRE II.

### FABLE I.

*Page 45.*

Florian a commencé, par une fable sur le Sarigue, son livre second : peut-être même est-ce un souvenir de la sienne qui nous a inspiré la nôtre. On lit dans cette fable, de beaucoup supérieure à celle que nous avons osé écrire après lui :

> Du Sarigue c'est la femelle :
> Nulle mère pour ses enfants
> N'eut jamais plus d'amour, plus de soins vigilants.
> La nature a voulu seconder sa tendresse ;
> Et lui fit, près de l'estomac,
> Une poche profonde, une espèce de sac,
> Où ses petits, quand le danger les presse,
> Vont mettre à couvert leur faiblesse.

### FABLE II.

*Page* 48, *v.* 11

Un Bouvreuil au brillant corsage.

« La nature a bien traité cet oiseau ; car elle lui a donné un beau plumage et une belle voix.... Sa voix a besoin du secours de l'art pour acquérir sa perfection. Un bouvreuil, qui n'a point eu de leçons, n'a que trois cris... le premier.... est une espèce de coup de sifflet... Mais lorsque l'homme daigne se charger de son éducation, lorsqu'il veut bien lui donner des leçons de goût.... l'oiseau docile.... non-seulement les imite avec justesse, mais quelquefois les perfectionne et surpasse son maître, sans oublier pour cela son ramage naturel. Il apprend aussi à parler sans beaucoup de peine. »

*Buffon. Ois. XIII.* 97-102.

*Page* 51, *v.* 3.

L'hiver j'entre dans la chaumière.

Ces mœurs appartiennent plutôt au Rouge-Gorge qu'au

Bouvreuil. Cependant Buffon dit, Tom. VIII 107, qu'il se prive très-bien, mais qu'il y faut du temps.

### FABLE III.

### Page 53.

Richer et Desbillons ont une fable du Chêne et du Lierre. Nous n'avons pas lu celle de Richer ; mais le Jésuite fabuliste a pris un point de vue différent du nôtre, et, chez lui, le Chêne n'a pour le Lierre que des paroles dures, et il ne voit en lui qu'une plante parasite et, partant, nuisible.

> Tum querens : O, tace, invida ; tu sola hic noces.
> *Desbill. Lib. VI. Fab. XXVI.*

### FABLE IV.

### Page 56.

Ce sujet n'est pas nouveau. L'inimitable La Fontaine l'a traité, Livre VIII, Fable V ; mais c'est *l'Homme et la Puce*. Un auteur tout récent a une fable du même titre ; c'est Van Den Zande. Son ouvrage n'est pas commun, puisqu'il n'a été tiré qu'à deux cents exemplaires. On nous saura donc gré de rapporter sa pièce :

> Mordu par une Puce, un homme la saisit ;
> Il allait l'écraser, quand l'insecte proscrit
> Lui dit : Eh quoi ! Tu veux m'ôter la vie
> Considère, je te prie,
> Que la peine doit être assortie au délit :
> C'est Beccaria qui l'a dit.

NOTES.

> Que t'ai-je fait? Une simple piqûre;
> Epargne-moi, je t'en conjure.
> L'Homme lui répondit :
> Il ne me chaut du point judiciaire;
> Ni Beccaria, ni Platon.
> A la mort ne peut te soustraire;
> Tu m'as fait tout le mal que tu pouvais me faire,
> Et je suis le plus fort : va mordre chez Pluton.
> *Fab. XII.*

FABLE V.

*Page 58.*

Launay, Fabl. XIII, et Desbillons, Liv. XIII, Fab. XV, ont traité le même sujet. Voici la pièce de Desbillons :

> Catellus ab hera, nobili muliercula,
> Quia sese amari sentiebat, arrogans
> Petulansque factus inde est; et quoties sibi
> Quidam Molossus, ingenio mitis quidem
> Sed acer animo, præpotensque viribus,
> Occurreret, eum provocabat : at statim
> Hinc se amovebat ille, non dignum putans,
> Honore pugnæ tam pusillum et imparem :
> Tamen aliquando propius instantem videns,
> Et persequentem; sentiensque etiam feris
> Rabidisque morsibus enitentem lædere,
> Concepit iras, et inopinato irruens,
> Arripuit ejus auriculas, ac discidit;
> Flentemque, totisque ejulantem viribus,
> Suam remisit nobilem ad mulierculam.
> Fabella quoddam genus homullorum procax,
> Potentiores ne lacessat, admonet

## FABLE VI.

*Page 60.*

A BERTR...

C'est le docteur Bertrand, ancien élève du Petit-Séminaire d'Auxerre. Il vient de mourir prématurément à Villeneuve-le-Roi, sa patrie, emportant les regrets de ceux qui l'ont connu et les nôtres en particulier. Il avait été notre élève au Petit-Séminaire d'Auxerre, et plusieurs de nos fables avaient été composées pour cet intéressant sujet.

## FABLE VII.

*Page 62.*

L'Eider, « c'est cet oiseau qui donne ce duvet si doux, si chaud et si léger, connu sous le nom d'eider-don, ou *duvet d'eider*, dont on a fait ensuite *edre-don*. L'eider... (est) une espèce d'oie des mers du nord, qui ne paroît point dans nos contrées, et qui ne descend guère plus bas que vers les côtes d'Ecosse... »

« Le duvet de l'Eider est très-estimé ; et, sur les lieux même, en Norvége et en Islande, il se vend très-cher : cette plume est si élastique et si légère, que deux ou trois livres, en la pressant et la réduisant en une pelotte à tenir dans la main, vont se dilater jusqu'à remplir et renfler le couvre-pied d'un grand lit. »

« Le meilleur duvet, que l'on nomme *duvet vif*, est celui que l'Eider s'arrache pour garnir son nid, et que l'on recueille dans ce nid même... »

« Les œufs sont au nombre de cinq ou six... et lorsqu'on les ravit, la femelle se plume de nouveau pour garnir son nid, et fait une seconde ponte... Si l'on dépouille une seconde fois son nid, comme elle n'a plus de duvet à fournir, le mâle vient à son secours et se déplume l'estomac. » *Buffon.*

*Page 64, v. 11.*

Leur plume est encore légère ;
Ils auront froid, qui viendra les couvrir ?

Nous avouons que ceci n'est point tout à fait conforme à la vérité ; car l'auteur cité plus haut rapporte que, dans le danger, la mère se hâte de les faire sortir du nid peu d'heures après qu'ils sont éclos, et qu'elle les prend sur son dos, pour les transporter doucement à la mer. Et puis des oiseaux qui aiment si fort leurs petits, les abandonnent-ils jamais ? Mais est-on obligé dans une fable à suivre les choses si rigoureusement ? Il nous a paru que non.

FABLE X.

*Page 71.*

Cette fable, si notre mémoire est fidèle, s'adressait à M. l'abbé Rod.., alors notre élève. Tous ceux qui le connaissent avoueront que cet ecclésiastique méritait bien l'affection que nous avions dès lors pour lui.

FABLE XI.

*Page 77, v. 8.*

Surville abaissant sa hauteur.

Surville est une montagne qui domine Montereau et sur laquelle est bâti un ancien château.

## LIVRE III.

### FABLE IV.

*Page* 100, *v.* 9

Près de la Jusquiame au poison dangereux.

La Jusquiame est une plante vénéneuse de la famille des solanées. Elle est très-commune dans notre département.

*Page* 101, *v.* 14.

Un passant qui le vit s'écria : — Fleur royale.

Allusion aux armes des Rois de France, où se trouvent trois fleurs de lis.

### FABLE VIII.

*Page* 115, *v.* 15.

Ainsi vivait le Scythe, en des temps plus heureux.

Les Scythes étaient un ou plusieurs peuples nomades. « Le « ciel a fait présent à chacun de nous... d'une paire de bœufs, « d'une charrue, d'un javelot et d'une coupe.... J'entends dire « que des plaisanteries sur la solitude des Scythes ont passé « en proverbe chez les Grecs. Mais ces déserts, ces plaines « incultes, nous les aimons mieux que les villes et les plus « riches campagnes. » *Quint. Curt. Disc. d'un Scythe à Alexand. Liv. VII. c. VIII. n.* 33.

*Ib.*, *v.* 18.

Pythagore l'a dit ; Pythagore était sage.

Pythagore, fondateur de l'Ecole d'Italie, était un philosophe qui vivait 581 ans avant Jésus-Christ. Il soumettait ses disciples à un silence de cinq années, pendant lesquelles ils ne devaient qu'écouter, sans adresser la moindre question, sans proposer le moindre doute. *Dacier, Biblioth. des anc. philosoph. Tom.* 1, *p.* 98.

*Page* 116, *v.* 6.

Nous avons inventé la lyre.

Allusion à l'origine de cet instrument à cordes que les anciens appelaient *chelys* ou *testudo*, tortue, parce qu'on le fit avec des écailles de tortue, auxquelles on attachait une ou plusieurs cordes. En cela l'usage a beaucoup varié, puisque, après n'avoir eu qu'une corde, cet instrument en compta jusqu'à quarante.

FABLE IX.

La Fontaine a fait *Le Serpent et la Lime.*

FABLE X.

*Page* 119.

Desbillons a donné cette fable dans son livre XIV; c'est la XXVI<sup>e</sup>. Elle a été imitée par l'abbé Aubert, livre II, fable VIII, et tout récemment par M. Villefranche, livre III, fab. VII.

> Bombycem acerbis vocibus his lacessere
> Aranea ausa est : Quid tibi est, quod vendites,
> Inepte vermis ? Textile hoc opus meum,
> Hoc delicatum stamen adspice, si potes ;
> Et ista nere quæ tuum solet genus,
> Huc fila confer. Ille respondit : Tuus

Quid pariat, unde sic superbias, labor.
Non video ; filis hisce quod subtilibus
Circumdare tete noveris, quid proficis ?
Culices minutos, vel aliquot miserabiles
Muscas, dolosis impeditas cassibus,
Opprimis. At esse crassius nostrum objicis
Opus omne : quid agis, stulta ? Jam nostro faves
Honori : quod enim nostra laus est, exprobras :
Non tam tenuibus esse filis quid nocet,
Quibus, ubi tela validiori stamine
Contexta semel est, majus hunc pretium venit?
Perge ergo retia bestiolis prætexere :
Nebo interim, quod ipsos reges vestiat.
   Qui corda vulgi irretiunt opusculis
Futilibus, hos fabella scriptores notat.

*Page* 120, *v.* 6.

A quoi bon vos sales filets ?

Il existe une dissertation curieuse et rare, dont le titre est : *Dissertation sur l'utilité de la soye des araignées et de l'analyse chimique de la même soye,* par Bon. Montpellier, 1726.

### FABLE XI.

Cette fable est imitée d'un sujet semblable qu'a publié le *Magasin pittoresque* (1837, pag. 31.)

« La plaine est aride, le ciel brûlant et sans nuages. Un seul, fier de ses légers flots d'argent et d'or, vogue nonchalamment dans les airs, comme une grande voile égarée sur l'azur de l'Océan. »

« Pâle et fanée, se mourant de soif, une jeune fleur, dressant au ciel avec effort sa tête suppliante, semble adresser au nuage ces paroles :

« Beau nuage, laisse tomber un peu d'eau dans mon calice. De cette pluie dont tes flancs sont chargés, Dieu m'a réservé quelques gouttes; répands-les sur moi. Beau nuage, un peu d'eau ! Je me meurs et ma famille aussi !... »

« Mais le nuage orgueilleux, méprisant la jolie fleur et les trésors de ses entrailles, s'éloigne et s'empresse de passer outre, lui refusant jusqu'à son ombre. »

« De longtemps il ne vint pas d'autre nuage, et la jeune fleur mourut de sécheresse. »

« Ainsi le mauvais riche se riait de Lazare; mais un jour vint où, changeant les rôles, Dieu le punit de son avarice. »

### FABLE XII.

Nous l'avons puisée à la même source que la précédente. (1837, pag. 223).

« Une goutte d'eau tomba des nues dans les abîmes de la mer ; mais, en voyant les flots s'agiter dans leurs gouffres béants, elle se dit, saisie de honte et de tristesse : « Hélas ! que suis-je en face de cette immensité ? Hier, je brillais dans les nuages, aujourd'hui la feuille légère qui flotte sur les flots est beaucoup plus que moi. »

« Mais le roi des cieux, touché de sa douce plainte, la revêtit d'une robe de noblesse, et la déposa dans une coquille où elle fut changée en perle précieuse; elle finit par briller sur la couronne d'un roi. »

« Cette fable, ami, est la fleur du précepte : Dieu élève les humbles. »

### FABLE XIII.

*Page* 129, *v.* 11

Ce nid est prêt, et mon cœur te comprend.

Le but d'un assez grand nombre de ces fables est le même ; celui de gagner la confiance et d'attacher le cœur du disciple au cœur du maître. Cela pourra paraître monotone ; mais qu'on n'oublie pas que ces petites compositions s'adressaient à des élèves et n'ont guère été imprimées que pour des élèves. Si ce livre eut été fait pour le public, il renfermerait, sans nul doute, plus de variété.

### FABLE XV.

*Page* 133.

Nous devons cette fable à Lafermière ; mais nous y avons fait quelques changements. Voici notre modèle :

> Un jour l'humble Ruisseau supplia le Rocher
> De se ranger un peu pour lui donner passage.
> Le Rocher ne bougeoit, sourd à son doux langage.
> Le Ruisseau voyant bien qu'il ne pouvait toucher
> L'immobile et dur personnage,
> Sans se fatiguer davantage
> A lui demander ce passage,
> Se met lui-même à le chercher.
> Il fouille, il creuse, et d'âge en âge,
> Constamment attaché
> A suivre son ouvrage,
> Il trouve un débouché.
> *Fab. et Cont.* XXX.

### LIVRE IV.

### FABLE I.

Nous avions déjà donné cette fable dans la *Chronique de Sens,* pag. 93, ann. 1848.

### FABLE II.

#### Page 145, v. 6

Huait une triste Chouette.

La chouette ne se trouve guère ni en pareil lieu, ni en pareille compagnie. Il en est de même de l'Aigle. On rencontrera de pareilles licences chez des auteurs du premier mérite ; car si le fabuliste doit, autant que possible, suivre les mœurs et le naturel des êtres qu'il met en scène, encore ne faut-il pas être, à cet égard, d'une rigidité portée à l'extrême. Ces oiseaux divers pouvaient être nécessaires ici pour retracer quelque chose du caractère de ceux à qui la leçon s'adressait.

### FABLE VI.

#### Page 155, v. 10.

Et leur barbe touffue effarouchait ses yeux

Qu'il nous soit permis de faire connaître ici le trait de docilité qui donna lieu à cette fable. En 1851, un élève de l'Ecole, Alexandre Malaquin, mort subitement instituteur à Saint-George, près Auxerre, le 29 avril 1853, eut la fantaisie de se laisser croître une barbiche au menton, et plusieurs de ses condisciples se disposaient à l'imiter. Mais, sur un mot, qui exprimait à peine un désir de la part de l'auteur, la barbiche tomba le jour même sous le rasoir, et il ne fut plus question de rien de semblable à l'Ecole. Le jeune homme tenait cependant à son caprice, et l'on crut devoir le récompenser sur le champ du sacrifice qu'il en avait fait. Malaquin était devenu un instituteur exemplaire, quand la mort vint si prématurément le surprendre.

FABLE X.

## Page 164.

Cette fable est la 364ᵉ de Camerarius et la IXᵉ du Livre VII de Desbillons.

Il nous semble que c'est ce dernier auteur qui nous a donné l'idée de la vôtre.

Obstrepere solita quamlibet circa domum,
Hirundo, amœnam forte solitudinem,
Petierat. Ibi Luscinium, qui lauro super
Virente placidus otiaretur, videns :
Suaves canoro gutture te quidem ferunt
Emittere sonos, dixit : nil tamen hactenus
Ejusmodi ex te audire nobis contigit :
Ego vero ubique personans, vocis meæ
Imperio lubens omnibus dulcedinem ;
At tu canendi salutaris artifex
Si jure diceris, urbes cur porro fugis ?
Hominumque cœtus ? ne tibi laudes negent
Meritos, vereris ? an times potius tuam
Dum conscius ipse agnoscis imperitiam,
Ne forte coram judicibus idoneis
Sistaris irridendus, et prudens lates ?

   Retulit Luscinius : Urbes et homines habent,
Quæ mihi placere poterant ; tamen ante omnia
Molles beati ruris deliciæ placent ;
Ac inter illas vivere et mori velim
Inglorius. Huncce cur libeat morem sequi,
Turpes mihi causas imperitiæ objicis ;
Tamen ipse dicam simpliciter : Cantus meos
Dare combibendos delicatis auribus
Minime recusem, si qua necessitas ferat ;
Neque me despicio, neque peritos judices
Horresco stulte timidus : at facile est mihi

Urbis carere turbulentis æstibus,
Placidoque ruris otio dulce est frui.
Neque te videre possum quid tantum juvet
Circum superbas ædes et palatia
Volitare, cum debueris ipsa sæpius
Perspicere, quantum cunctis auribus tuæ
Afferre soleant cantilenæ tædium.

Plerumque contra, quam fas et ratio velint,
Lucem, indoctus amat publicam, doctus fugit.

### FABLE X.

### Page 165.

On l'a tirée de Desbillons. Liv. I, fab. VIII.

Semota ab omni pæne conspectu Rosa
Florebat, et latebat horti in angulo.
Inde tamen aliam, non visa ipsa clanculum
Rosam videbat, quæ potenti in area
Blande renidens lumini ætheris, suum
Decus aperiret non sine fastoso igneæ
Fulgore formæ. Tum livore carpitur,
Gemitque, genere quod parem, tam dispari
Obnoxiam se vivere sorti oporteat.
Papilio sua quem forte levitas huc tulit,
Advertit; et: Quid, stulta, sic, inquit, gemis?
Tua ista nempe clarius micat soror,
Radiisque solis vividioribus calet;
Sed te minus tenella est, et vernans minus;
Et ævum denique brevius, quam tu, exiget.

Hæc misera plerosque homines conditio premit,
Obscura vita displicet; illustris nocet.

### FABLE XI.

Desbillons nous a fourni ce sujet. (*Lib. IX. Fab. IV*).

Pictam in pariete imaginem blandissimam
Taciti Recessus, temere positas arbores,
Has permeantem innubili lucem ætheris,
Interque gramina fugientem rivulum,
Vidit columba; cumque premeretur siti,
Huc celeritate, quanta potuit, se intulit:
At misera solido offendit; et in ipso impetu
Male vulnerata, præceps in humum corruit.
  Hoc fabula homines, heu! nimis multos monet,
Quos vana species ad suum damnum trahit.

### FABLE XII.

Cette fable n'est pas nouvelle: elle se trouve dans Benserade, fab. 72 ; Lenoble, fab. 53 et Com. act. 1. sc. 4; Richer, liv. IV. fab. XV; Abstemius, fab. 72. Desbillons, lib. 1, fab 5 ; mais c'est dans ce dernier auteur que nous avons puisé l'idée de la nôtre. Le Lecteur les comparera.

Ericius hiemem adventare sentiens,
Talpam rogavit, proprio in cavo locum,
Sibi ut vim contra frigoris concederet.
Concessit Talpa; sed receptus hospitem,
Ut se movere cumque vult, Ericius
Pungit molestis hinc et hinc aculeis.
Hunc ergo Talpa intelligens damno suo
Receptum, ferre nec diutius volens,
Precatur, obtestatur, exire ut velit,
Quandoquidem angustus ambo non capit locus.
At esse gaudens ille, ubi bene est sibi;
Hinc exeat, ait, qui manere non potest.
  Fabella docet hunc imprudenter hospitem
Admitti, qui non possit aliquando ejici.

### FABLE XIII.

Voyez Benserade, fab. 106, Avienus, fab. XV et Desbillons, que nous allons citer. C'est lui qui nous a servi de modèle.

Variis simultas orta de causis Gruem
Olim incitavit, et alitem junonium,
Ut se vicissim incesserent convicio.
Vide, inquit Pavo gemmeum caudæ explicans
Nitorem, in illis miro plumis ordine
Dispositis quanta luminum vis fulguret;
Tuumque lauda postea, et mihi, si potes,
Objice colorem cinereum. Retulit gruis :
Plumarum honore lucido præstas quidem;
Neque hanc invideo furilem tibi gloriam :
Sed humi te retinet iste, quem jactas, decor;
His ego dum pennis, quos, superbe, vituperas,
Procul hinc volatus molior sæpe arduos,
Ultraque nubes, proxima superis, feror.
 Quisquis es ab aliqua parte commendabilis,
Ne sis alia vituperabilis, time.

*Lib. I. Fab. XII.*

FABLE XV.

Nous devons l'idée de cette fable à Kidgell. Voici la traduction qui s'en trouve dans l'édition que nous avons entre les mains. *Original fable*, etc. Londres, Jacq. Robson (1763). Tom. II, fab. 54.

« Un Hermite à l'ombre rafraîchissante d'une alcôve naturelle, formée par une union de feuillage entre l'Acacia et le Cèdre, s'était laissé si fort transporter par une réflexion qui lui étoit venue sur la noirceur de l'ingratitude générale de l'homme, que ses exclamations, ses larmes, ses sanglots et ses agitations extrêmes avoient excité l'attention de quelques créatures qui paissoient paisiblement à l'entour. Le Cheval, la Vache, la Chèvre, y témoignèrent leur sensibilité. Les Agneaux en suspendirent leurs bondissements. Les Cerfs en répandirent même les larmes d'une tendre sympathie. Après que l'Hermite se fut retiré dans sa cellule, les bêtes s'adressèrent à son interprète, le Chien, pour savoir quel sujet pouvoit avoir produit un monologue si pathétique. « Mes chers amis, leur répondit le Chien, c'est un des plus terribles reproches à l'humanité que mon bon maître déploroit, mais dont heureusement nous autres Brutes sont *(sic)* si parfaitement exempts que nous n'en avons pas seulement l'idée, et le mot nous manque dans notre langue pour l'exprimer. »

Malgré cette mauvaise traduction, le Lecteur peut se faire une idée assez juste du morceau.

### FABLE XVI.

Desbillons nous a fourni ce sujet.

> Onusta pulchris, optimisque fructibus
> Superbiebat Malus; nam quotidie
> Ad ipsam herilis ventitabat familia,
> Modo hoc, modò illud pomum, cui maturitas
> Pretium addidisset, decerpendi gratia.
> Sic illa amicos facere stulta credidit :
> At, præter folia, postquam nil præterfuit,
> Eadem repente sese desertam videns :
> Heu ! fuerat, inquit, diviti nullus mihi
> Amicus quoniam nullus est nunc pauperi.

### FABLE XVII.

Van Den Zande a une fable du Dindon; c'est la cxxxiii. Mais elle ne nous a point donné l'idée de la nôtre, bien qu'elles mènent l'une et l'autre à peu près au même but. Nous nous bornerons à en citer quelques vers :

> Le cou gonflé, la queue en éventail décrite,
> Un Coq-d'Inde rêvait à son profond mérite.

Il passe en revue les autres animaux, et se trouve meilleur qu'eux. Un Oison l'approuve; mais le Hibou le condamne et parle ainsi de lui :

> ... Faut-il que je te dise
> Que joignant à la vanité
> La plus complète nullité
> On le nomme à bon droit l'oiseau de la sottise.

**FIN DES NOTES.**

# TABLE

## DU TOME I.

Lettre des Instituteurs. . . . . . . . . . . . . . . page V.
Réponse. . . . . . . . . . . . . . . . . . . . . . . . XI.
Hommage . . . . . . . . . . . . . . . . . . . . . . . XV.
Epitre au Lecteur. . . . . . . . . . . . . . . . . XVII.
Témoignages des auteurs . . . . . . . . . . . . XXXI.
Prologue. . . . . . . . . . . . . . . . . . . . . . . 1.

## FABLES.

### A

L'Abeille et l'Enfant, liv. I, fab. 8 . . . . . . . . . . . 21
L'Aigle et le petit Paon, liv. IV, fab. 5. . . . . . . . . 152
L'Araignée et le Ver à soie, liv. III, fab. 10. . . . . . . 119
L'Arbuste et le Rocher, liv. III, fab. 2 . . . . . . . . . 95

### B

| | |
|---|---|
| Le Berger, son Troupeau et la Fée, liv. IV, fab. 6. . . | 155 |
| Le Bouton de Rose, liv. II, fab. 6. . . . . . . . . . . . | 60 |
| Le Bouvreuil, le Hibou et la Colombe, liv. II, fab. 2. . | 48 |

### C

| | |
|---|---|
| La Caille, le Chat et le Cailleteau, liv. II, fab. 12 . . . . | 79 |
| Le Cailleteau, le Chat et la Caille, liv. II, fab. 12 . . . | 79 |
| Le Canard, la Tortue et la Pie, liv. III. fab. 8. . . . . . | 111 |
| Le Carlin et le Dogue, liv. II, fab. 5. . . . . . . . . . . | 58 |
| La Chaîne et la Lime, liv. III, fab. 9. . . . . . . . . . | 117 |
| Le Chasseur, la Sarigue et son petit, liv. II, fab. I . . | 45 |
| Le Chat, la Caille et le Cailleteau, liv. II, fab. 12. . . . | 79 |
| Le Chat et l'Ecureuil, liv. I, fab. 10. . . . . . . . . . . | 27 |
| Le Chataignier et le Paysan, liv. II, fab. 15. . . . . . . | 86 |
| Le Chêne et le Bouton de Rose, liv. II, fab. 6. . . . . . | 60 |
| Le Chêne et la Pervenche, liv. II, fab. 3 . . . . . . . . | 53 |
| Les deux Chenilles, liv. III, fab. 16 . . . . . . . . . . | 135 |
| Le jeune Chien, l'Hirondelle et le Renard, liv. II, fab. 11 . . . . . . . . . . . . . . . . . . . . . | 75 |
| La Chouette et la Colombe, liv. I, fab. 13. . . . . . . . | 35 |
| La Chrysalide et la Feuille, liv. III, fab. 14. . . . . . . | 130 |
| Colas, liv. I, fab. 6. . . . . . . . . . . . . . . . . . . | 15 |
| La Colombe, le Hibou et le Bouvreuil, liv. II, fab. 2. . | 48 |
| La Colombe et la Chouette, liv. I, fab. 13. . . . . . . . | 35 |
| La Colombe et la Tapisserie, liv. IV, fab. 11. . . . . . | 166 |
| La Colombe, le Rossignol et le Paon, liv. I, fab. 9. . . . | 23 |
| Le jeune Coq et la Poule, liv. III, fab. 5 . . . . . . . . | 104 |
| Le Corbeau, le Cygne et la Perdrix, liv. IV, fab. 15. . . | 176 |
| Le Cygne, le Corbeau et la Perdrix, liv. IV, fab. 15. . . | 176 |

**D**

Le Diamant et le Manant, liv. I, fab. 1 . . . . . . . . . .   3
Le Dindon, liv. IV, fab. 17. . . . . . . . . . . . . . . .   182
Le Dogue et le Carlin, liv. II, fab. 5. . . . . . . . . . .   58

**E**

L'Ecureuil et le Chat, liv. I, fab. 10. . . . . . . . . . .   27
L'Eglantier, liv. I, fab. 11. . . . . . . . . . . . . . . .   30
L'Eider et le Passant, liv. II, fab. 7. . . . . . . . . . .   62
L'Enclume, liv. IV, fab. 7 . . . . . . . . . . . . . . . .   158
L'Enfant et l'Abeille, liv. I, fab. 8. . . . . . . . . . . .   21
L'Enfant et le Mineur, liv. III, fab. 7. . . . . . . . . .   108
L'Enfant et le Vieillard, liv. III, fab. 6. . . . . . . . .   106

**F**

La Fée, le Berger et son Troupeau, liv. IV, fab. 6. . . .   155
Le Fermier, le Rouge-gorge et le Perroquet, liv. IV, fab. 4. . . . . . . . . . . . . . . . . . . . . . . . .   149
La Feuille et la Chrysalide, liv. III, fab. 14. . . . . . .   130
La Forêt et le Ruisseau, liv. III, fab. 3 . . . . . . . . .   97
La Fourmi et la Marmotte, liv. I, fab. 14. . . . . . . .   38
Le Fourmilion et le Moucheron, liv. II, fab. 8 . . . . .   66

**G**

La Glace et le Tourtereau, liv. II, fab. 13 . . . . . . . .   81
La Goutte d'eau, liv. III, fab. 12 . . . . . . . . . . . .   126
La Grue et le Paon, liv. IV, fab. 13 . . . . . . . . . . .   171

## H

| | |
|---|---|
| Le Hérisson et la Taupe, liv. IV, fab. 12 ........ | 168 |
| Le Hibou, le Bouvreuil et la Colombe, liv. II, fab. 2. . . | 48 |
| La jeune Hirondelle et la Tourterelle, liv. III, fab. 13. . | 128 |
| L'Hirondelle et le Rossignol, liv. IV, fab. 9. . . . . . . | 162 |
| L'Hirondelle, le Renard et le jeune Chien, liv. 2, fab. 11 . . . . . . . . . . . . . . . . . . . . . . | 75 |
| Les Hirondelles, liv. IV, fab. 14 . . . . . . . . . . . . . | 173 |
| L'Homme et la Punaise, liv. II, fab. 4. . . . . . . . . . | 56 |
| L'Homme, la Sensitive et le Puceron, liv. I, fab. 12 . . | 33 |

## I

| | |
|---|---|
| L'Ictérique et le Jaloux, liv. I, fab. 5 . . . . . . . . . . . | 13 |

## J

| | |
|---|---|
| Le Jaloux et l'Ictérique, liv. I, fab. 5 . . . . . . . . . . | 13 |
| Le Jardinier pauvre, liv. 1, fab. 3. . . . . . . . . . . . . | 8 |
| Jugement porté par les Oiseaux, liv. IV, fab. 2. . . . . . | 144 |
| La Jusquiame, le Lis et le Passant, liv. III, fab. 4. . . . | 100 |

## L

| | |
|---|---|
| Le Laboureur et le Renard, liv. 4, fab. 8 . . . . . . . . | 160 |
| La Limace et le Lis, liv. II, fab. 17. . . . . . . . . . . | 90 |
| La Lime et la Chaîne, liv. III, fab. 9. . . . . . . . . . . | 117 |
| Le Lis et la Limace, liv. II, fab. 17 . . . . . . . . . . . | 90 |
| Le Lis, le Passant et la Jusquiame, liv. III, fab. 4. . . . | 100 |

## M

| | |
|---|---|
| Le Manant et le Diamant, liv. I, fab. 1. . . . . . . . . . . | 3 |

La Marmotte et la Fourmi, liv. I, fab. 14 . . . . . . . . . 38
Le Mineur et l'Enfant, liv. III, fab. 7. . . . . . . . . 108
Le Moucheron et le Fourmilion, liv. II, fab. 8. . . . . . 66

## N

Le Naufragé et la Providence, liv. II, fab. 9. . . . . . . 69
Le Nuage et la Rose, liv. III, fab. 11 . . . . . . . . . . . 123

## O

L'Oiseau de passage, liv. II, fab. 10. . . . . . . . . . . . 71

## P

Le Paon et l'Aigle, liv. IV, fab. 5 . . . . . . . . . . . . . 152
Le Paon et la Grue, liv. IV, fab. 13. . . . . . . . . . . . 171
Le Paon, la Colombe et le Rossignol, liv. I, fab. 9. . . 23
Le Papillon et la Rose, liv. II, fab. 14 . . . . . . . . . 84
Le Papillon et la Rose, liv. IV, fab. 10 . . . . . . . . . 164
Le Passant et l'Eider, liv. II, fab. 7. . . . . . . . . . . 62
Le Passant, le Lis et la Jusquiame, liv. III, fab 4. . . 100
Le Passant, la Vigne et le Vigneron, liv IV, fab. 3. . . 147
Le Paysan et le Chataignier, liv. II, fab. 15 . . . . . . 86
Le Pélican, liv. 1, fab. 4 . . . . . . . . . . . . . . . . . 11
La Perdrix, le Cygne et le Corbeau, liv. IV, fab. 15 . . 176
Le Perroquet, le Rouge-gorge et le Fermier, liv. IV,
 fab. 4. . . . . . . . . . . . . . . . . . . . . . . . . . . . 149
La Pervenche et le Chêne, liv, II, fab. 3 . . . . . . . . 53
Son Petit, la Sarigue et le Chasseur, liv. II, fab. 1. . . 45
La Pie, la Tortue et le Canard, liv. III, fab. 8. . . . . . 111
Le Pommier, liv. IV, fab. 16.. . . . . . . . . . . . . . 179
La Poule, liv. I, fab. 2, . . . . . . . . . . . . . . . . . . 5

La Poule et le jeune Coq, liv. III, fab. 5. . . . . . . . . 104
La Poule et les deux Poulets, liv. II, fab. 16. . . . . . . 88
Les deux Poulets et la Poule, liv. II, fab. 16 . . . . . . . 88
La Providence et le Naufragé, liv. II, fab. 9 . . . . . . 69
Le Puceron, l'Homme et la Sensitive, liv. I, fab. 12 . . 33
La Punaise et l'Homme, liv. II, fab. 4 . . . . . . . . . . 56

### R

Le Rameau et le Tronc, liv. III, fab. 1 . . . . . . . . . . 93
Le Renard et le Laboureur, liv. IV, fab. 8. . . . . . . 160
Le Renard, l'Hirondelle et le jeune Chien, liv. II,
   fab. 11. . . . . . . . . . . . . . . . . . . . . . . . . . . . . 75
Le Rocher et l'Arbuste, liv. III, fab. 2 . . . . . . . . . 95
Le Rocher et la Source, liv. III, fab. 15. . . . . . . . . 133
La Rosée, liv. IV, fab. 1. . . . . . . . . . . . . . . . . . 141
La Rose et le Nuage, liv. III, fab. 11 . . . . . . . . . . 123
La Rose et le Papillon, liv. II, fab. 14. . . . . . . . . . 84
La Rose et le Papillon, liv. IV, fab. 10 . . . . . . . . . 164
Le Rossignol et l'Hirondelle, liv. IV, fab. 9. . . . . . 162
Le Rossignol, le Paon et la Colombe, liv. I, fab. 9 . . . 23
Le Rouge-gorge, le Fermier et le Perroquet, liv. IV,
   fab. 4. . . . . . . . . . . . . . . . . . . . . . . . . . . . . 149
Le Ruisseau et la Forêt, liv. III, fab. 3 . . . . . . . . . 97

### S

La Sarigue, son Petit et le Chasseur, liv. II, fab. 1. . . 45
La Sensitive, l'Homme et le Puceron, liv. I, fab. 12 . . 33
La Serpe et le Serpent, liv. I, fab. 7 . . . . . . . . . . 18
Le Serpent et la Serpe, liv. I, fab. 7 . . . . . . . . . . 18
Le Singe orateur, liv. I, fab. 15. . . . . . . . . . . . . . 41
La Source et le Rocher, liv. III, fab. 15. . . . . . . . . 133

## T

La Taupe et le Hérisson, liv. IV, fab. 12 . . . . . . . .   168
La Tapisserie et la Colombe, liv. IV, fab. 11. . . . . . .   166
La Tortue, la Pie et le Canard, liv. III, fab. 8 . . . . .   111
Le Tourtereau et la Glace, liv. II, fab. 13. . . . . . . .    81
La Tourterelle et la jeune Hirondelle, liv. III, fab. 13.   128
Le Tronc et le Rameau, liv. III, fab. 1 . . . . . . . . .    93
Son Troupeau, le Berger et la Fée, liv. IV, fab. 6 . . . .   155

## V

Le Ver à soie et l'Araignée, liv. III, fab. 10. . . . . . .   119
Le Vieillard et l'Enfant, liv. III, fab. 6 . . . . . . . .   106
La Vigne, le Vigneron et le Passant, liv. IV, fab. 3 . . .   147
Le Vigneron, la Vigne et le Passant, liv. IV, fab. 3 . . .   147

Épilogue. . . . . . . . . . . . . . . . . . . . . . . . .   184
Notes . . . . . . . . . . . . . . . . . . . . . . . . . .   187
Table . . . . . . . . . . . . . . . . . . . . . . . . . .   219

FIN DU TOME I.

# ERRATA.

## DU TOME I.

**Page 100 :**
    Près de Jusquiame.

*Lisez :*
    Près de la Jusquiame.

**Page 128 :**
    Ma petite sœur, lui dit-elle, —
    Veux-tu reposer sous mon aile.

*Lisez :*
    Veux-tu reposer sous mon aile,
    Ma petite sœur, lui dit-elle ?—

**Page 131 :**
    Mais notre fond n'est rien.

*Lisez :*
    Mais notre fonds, etc.

**Page 133, dans le titre :**
.....De ne pas avancer assez vite ses études.
*Lisez :*
.....De ne pas avancer assez vite dans ses études.

www.ingramcontent.com/pod-product-compliance
Lightning Source LLC
Chambersburg PA
CBHW050331170426
43200CB00009BA/1549